人は迷いをどう解きほぐせるか

神奈川大学教授・臨床心理士
杉山 崇
Sugiyama Takashi

フロイトか ユングか アドラーか

さくら舎

はじめに

あなたは、なぜ、この本を手にしてくれたのでしょうか？　フロイト、ユング、アドラーといった心理療法家に興味があったからでしょうか？　それとも心理学に興味があったからでしょうか？

え、この本の表紙やタイトルが気になったから？　いわゆる「ジャケ買い」というものですね。そういう理由ももちろんありますよね。

でも、もしかしたら何かに「迷っている」からこの本を手にしたのでしょうか？

そういうあなた、この本を手にして正解です。また、今は「迷っている」わけではないあなたも、この本を手にして正解です。

なぜなら、私たちは常に何かに迷う生き物だからです。

などと言うと「何を根拠に？」と思われるかもしれません。ごもっともです。私も根拠がない話は嫌いです。でも、実際のところ、そもそも心とは迷うために身につけたようなものだからです。

心とは周りの状況に合わせて、上手いアクションを取るためのシステムです。周りの状況がシンプルであれば、当然、心はシンプルになります。周りの状況が複雑であれば、私たちも心を複雑にせざるを得ません。

変なたとえですが、アリクイをご存知ですか？　アリクイは蟻塚しかないようなシンプルな環境に合わせて進化しました。シンプルな環境では、迷う必要はありません。心がシンプルになり、そして脳もシンプルになりました。迷う能力がない「迷わない脳」です。

でも、私たちは人として生きています。複雑な社会も作りました。社会の力に守ってもらいながら生きていますが、社会という複雑な環境に合わせて心も脳も複雑になりました。

私たちの脳は「迷う能力がある脳」、そう、私たちは迷いながら生きるように作られた動物なのです。

でも、迷うからと言って不幸なわけではありません。上手に迷えば、そのストレスは軽くなります。また、楽しく迷えば、楽しく生きられます。すべては、やり方次第なのです。

この本は、下手な迷い方を吹き飛ばして、上手に、そして楽しく迷うための本です。もっというと、そのために役立つ心理療法家たちの名言を現代的に解説して、あなたの「最適解」を導くための指南書です。

宮本武蔵の『五輪書』をご存知でしょうか？　その現代版のようなものと考えてください。なので、よくありがちな、「……の方法」を安易に紹介する本とは違います。

安易な方法は、わかりやすくてシンプルかもしれません。ですが、安易なものは安易な価値しかありません。

私たちは迷う生き物、迷わなければならない生き物です。アリクイさんよりも、考えられる脳を持っています。安易な方法を信じるよりも、自分の状況に合うように考えたほうが、より最適に近いことは言うまでもありません。

ここでご紹介する心理療法家、フロイト、ユング、アドラーは、人の心の深層、そして人という生き物の真相を深く考察した人たちです。その言葉には、私たちが上手に、そして幸せに迷うためのヒントが詰まっています。

もちろん、中には考えるまでもなく使える方法論もあるわけですが、あなたの状況や周りのアレコレを思い浮かべながら読んでもらえたら嬉しいです。そうすることで、楽に無理なく考えることが出来るからです。そして、あなたの最適解が見つかるからです。

さあ、心理療法家たちの名言をもとに、下手な迷い方から卒業したあなたを探しに行きましょう。フロイトとユング、そしてアドラーの言葉が、きっとあなたを導いてくれます。

さて、それでは心理療法家の名言に先立って、フロイト、ユング、アドラー、3人の心理療法家についてご紹介しましょう。

幸せの条件を科学と愛情に求めた

ジークムント・フロイト （1856～1939　オーストリア）

よく精神科医と誤解されますが、実はこれは間違いです。フロイトは「精神分析」と呼ばれる壮大な思想体系を築いた心理療法家／心理思想家です。

もともとは、ウィーン大学医学部で学んだ医師で、臨床医として活躍するだけでなく、科学者としても活躍することを目指した精力的な人物です。研究テーマは神経科学、今日のマスコミでは脳科学と呼ばれている分野で数々の成果を残しました。

ただ、コカインを巡って医師としても科学者としても失脚してしまいます。フロイトはコカインが万能の鎮痛薬になると信じて、その発見者として人類に貢献し、自身も大学教授となるつもりでした。

しかし、研究のプロセスで多くの中毒患者を生み出してしまいました。このことで医師としても科学者としても、各界から不審の目を向けられるようになったのです。これは非常に大きな挫折体験でした。

ですがフロイトはあきらめません。当時は未開拓だった「精神世界」に目を向けます。そして、心と脳の科学を目指しました。当時の技術ではこの試みは不可能でしたが、精神症状をもつ患者の治療プロセスに基づいて心と脳のメカニズムを考察するという画期的な方法を取りました。

やがて、フロイトの考察「精神分析」は広く注目を集め、医師を中心に多くの賛同者が集まり「精神分析ムーブメント」と呼ばれる組織的な活動へと発展していきました。なお、ユングもアドラーもこの活動に参加した医師の一人です。

そんなフロイトの思想的な特徴は「性欲（エロス）」の考察です。性欲とは「生存と生殖の本能」とも言い換えられるものです。

今日の心と脳の科学の常識では、性欲はあらゆる生物の根源的な行動原理です。性欲は人間も含め各生物の生き方に合わせて多様化しています。たとえば、自己肯定感もその派生物の一つです。

ですが、当時としては非常に刺激的でした。なぜなら、当時は性欲を語ることが今以上に品がないこととされていた時代だったからです。

その中で性欲を科学的に語るのです。当然、称賛と非難の両方を浴びました。ですが、失敗も非難も心の糧に出来るフロイトとその仲間はさらに活躍し、今日の人類への貢献に至っています。

え、フロイトがなぜ失敗にも非難にもめげなかったのかって？　気になりますよね。

その秘密は彼がユダヤ人で子ども時代には多くの迫害と辱めにあったからです。尊敬する父が辱められた時、悔しさのあまり少年フロイトは絶対に成功すると誓ったとされています。

また、子ども時代にこういう体験をすると、「なぜ、こんなことをするのだろう」と客観的に考える力を身につける人もいます。フロイトもそうだったようで、科学者としての考察力は少年時代からの宝物でした。

一説には、亡くなる直前「私は明晰な思考を愛している」と癌の痛みの緩和治療で麻薬の使用を拒んだ……というエピソードも残されています。心と脳への思想体系をより完全なものにすることに命を捧げたと言っても過言ではないでしょう。

こんなフロイトが遺した名言は、人の本質を科学的に鋭く、時に温かく見通した視点が満載です。

幸せは自分自身の内側の豊かさにある！

カール・グスタフ・ユング（1875～1961　スイス）

ユングはフロイトの精神分析ムーブメントに参加した医師の一人で、初期の主要メンバーの一人でもありました。フロイトと決別した後に『分析心理学』という思想体系を作り上げました。

ユングの分析心理学は、世界的にみるとカウンセリング／心理療法の世界ではあまり有名ではありません。ですが、日本ではとても人気があります。

日本に紹介した河合隼雄先生の人気も影響しているのかもしれませんが、私は日本人の遺伝傾向や「侘び寂び」を尊ぶ日本文化に通じる何かがあると考えています。

フロイトと異なり、もともとユングは精神科で精神疾患の患者と向き合う正真正銘の精神科医でした。また、これもフロイトと異なることですが、ユダヤ人ではなく「普通」の欧州人です。

さらに、裕福ではありませんが、血筋や家柄は良い方でした。そのため、フロイトのように出自の問題で虐げられたことは確認できる限りありません。

そのせいか、社会的成功への強い執着はありません。むしろ、晩年は内面の調和や豊かさを目指していきました。

もともとは、バーゼル大学医学部で学び、チューリッヒ大学の精神科クリニックに勤務し、教授の資格も得て大学で教鞭も執る……といういわゆる欧州の知的エリート層でした。ただ、何かが足りない、何かが違う……という思いが積み重なり、フロイトの活動に感銘を受け精神分析の活動に参加し共同研究者となりました。

参加した当時、精神分析ムーブメントは「ユダヤ人の怪しい集まり」と揶揄されていました。そこに、著名な大学で教鞭を執る欧州人の知的エリートが加わったのです。

社会的な成功に興味があるフロイトは大いに喜んだとされています。これで精神分析ムーブメントの社会的認知が高まると……。

当のユングも国際精神分析協会の初代会長を務めるなど、フロイトの期待に応えて精進していました。ただ、ユングが長年抱えている悩みに対してフロイトは温かい対応をしなかった、むしろ冷たく突き放した……とされています。

ユングはそのころからフロイトの思想とは異なる議論を展開するようになり、フロイトとの度重なる衝突の末、精神分析ムーブメント、そしてフロイトと決別することになります。

その後は、著名な資産家の援助で「心理学クラブ」を立ち上げるなどの活動を経て、晩年はスイスに塔を建て、そこで執筆や思索にふける日々を好んだとされています。この塔は、なんと塔づくりの職人としてのトレーニングを受けて、自分で建てたといわれています。何かを創ることで何かが癒やされる……、ユングのこの姿勢は今日では芸術療法などに生かされています。

こんなユングの思想的な特徴は一見すると病んでいるようにみえる心理状態も、「その人なりの健康」という人間観です。言い換えれば、「常識的でないから」という理由で何かを否定したり、非難したりはしないのです。

この本の3人の心理療法家の中では、病理について最も寛大な思想を持っています。なので、人の在り方、心の在り方を安易に「健康vs不健康」と分けてしまう姿勢には批判的でした。

え、フロイトに打ち明けた悩みは何かって？　気になりますよね。それは、ユングには「第

2の人格」があったのです。そう、かつては多重人格と呼ばれていたものです。そんな自分の内面を持て余し、一人で悩んでいたのです。ユングの病理に寛大な姿勢の原点はここかもしれません。

その詳細はまた別の機会にご紹介しましょう。この本では、そんなユングの深い名言をお楽しみください。

幸せの鍵は自分の生き様と人間社会の中にある！

アルフレッド・アドラー（1870〜1937　オーストリア）

アドラーは、フロイトと同じくユダヤ人でウィーン大学医学部卒の眼科や内科の医師でした。フロイトの著作への書評がきっかけでフロイトに招かれてフロイトの精神分析ムーブメントに参加しました。

フロイトとの決別後は「フロイトの弟子」と見られることを特に嫌い、フロイトからの招待状を持ち歩いていたという逸話もあります。また、軍医としての経験を経て、「個人心理学」なる思想体系を創り上げました。

この個人心理学の中核となっているのが「目的論」と「共同体感覚」、そして「権力（優越）欲」です。まず、「目的論」とは何か困った事態が起こったときの考え方のことです。私たちは、何か問題が起こったら多くの場合で「どうしてこうなったんだ！」と原因を考えてしまいます。

しかし、原因は犯人捜しや、責任の押し付け合いで終わってしまうことが多々あります。また、原因を探っている間に事態がどんどん深刻になってしまう場合もあります。

そこで、まずは「困った事態をどうにかできないか、被害を最小限にするにはどうしたらい い？」と事態の改善に向けて考えるほうがより良い結果につながります。さらに事態が落ち着いたら「どうしたら再発を防げる？」と将来のトラブルを避けることを考えると、未来がもっと良くなります。

このように未来をより良くする考え方が目的論です。

次に「共同体感覚」とは「自分は人類や生命などの全体の一部であり、その全体とともに生きていると実感できること」とされています。より具体的には、自己受容、他者信頼、所属感、そして貢献感（人の役に立っているという実感）の4つが揃っている状態ともされます。

これは、アドラーが第一次世界大戦に軍医として従軍して、その必要性を実感したものです。兵士が傷つき、死んでいく中で、アドラーは『世界が今必要としているのは、新しい大砲でも、新しい政府でもない。それは共同体感覚だ』と訴えたと言われています。

確かに、この感覚がみんなにあれば戦争など起こりませんし、仮に国同士の利害が対立したとしても「お互い様だよね」という平和的な解決ができることでしょう。

そして「権力（優越）欲」はフロイトの性欲の議論に代わるものとして唱えたものです。劣等感の補償とも呼ばれます。

少し説明しましょう。まず、私たちが社会で生き抜くにはそれなりの立場が必要です。劣っていると立場が得にくいです。そこで、私たちは劣っている部分を補うために、周りよりも優越した何かを求める……という欲求です。

アドラーは権力欲が人間の根源的な欲求であると主張し、フロイトと対立しました。広い意味では権力欲も生存と生殖の本能の派生物と言えるのですが、今日ではフロイトが強調した性欲より人間の実態に近い欲求を扱っていると考えられています。そのため、アドラーの思想体系である個人心理学はカウンセリング／心理療法の文脈ではなく、目的論や共同体感覚も含めて組織運営や自己啓発にもよく使われています。

え、なぜアドラーがフロイトと対立するほどに権力欲を主張したかって？　真偽は不明ですが、アドラー自身が病気に苦しんだ子ども時代を経験して医師になったこと、そして臨床医時代の患者の多くが、体が弱いというハンディを乗り越えて彼らなりに立場を得ていた……という実体験にあるとされています。

アドラーは、科学者として人を客観的に捉えようとしたフロイトや心の深層と内的な調和に目を向けたユングよりも、もっと生々しい生態、言わば人の生き様に目を向ける方だったようです。こんなアドラーの名言は、あなたを未来志向で前向きにしてくれることでしょう。

このように3人の心理療法家はそれぞれに個性豊かで、それぞれ異なる視点で人を見ています。その3人の名言を重ね合わせればより良く生きられることは間違いありません。さあ、3人の織りなす、人と人生の真実の世界へ、ご一緒に参りましょう！

目次◆人は迷いをどう解きほぐせるか
——フロイトかユングかアドラーか

第2章 「やる気」への迷い

第3章 「自己肯定感」への迷い

第4章 「人間関係」への迷い

人は迷いをどう解きほぐせるか

――フロイトかユングかアドラーか

第1章

「幸せ」への迷い

あなたは幸せですか？　不幸せですか？

シンプルに答えられる人はある意味で迷いがない人です。多くの人が、なかなかストレートに「幸せ」とも「不幸」とも答えられないようです。

「幸せもあれば不幸もあるのでバランス次第ですね」と答える方もいるかもしれません。また、「幸せの定義次第です」と答える方も居るでしょう。

人によっては、「そもそも、生きることに〝幸せ〟を求めることが不要なことなのでは？」と幸せを問うことに疑問を唱える方もいるようです。このような方の多くは、「〝不幸〟は〝幸せ〟を定義してしまうことから始まる」と考えていることが多いようです。

などなど、このように幸せについて考え始めると議論がつきませんね。頭が痛くなりそうです。ですが、このような議論や理屈とは関係なく、私たちの心は「幸せ」を求めてしまいます。

現代社会は実はまあまあいい時代です。少なくとも私たち先進国の住民は「生物」として生き残るだけなら割と手厚く保証されています。「生き残る」という生物としての本質が保証されるのであれば、「人」が本質的に備えている本能的な欲求を満たすことが次の目標になります。

こうして、多くの人が人生に「生き残る以上の何か」を求め、その何かで人生を彩ろうと試みます。そして、多くの場合で、その「何か」で彩られた人生を「幸せ」と呼ぶようです。

あなたも「幸せ」を求めていますか？　求めていいと思います。筆者の私も求めています。

私のカウンセリングでも、多くの方が「幸せ」を求めてその参謀役、またはコンサルタントとして私を使ってくださっています。人のすべてに一般化するのは言いすぎかもしれませんが、「人は幸せを求める生き物である」と言えるような気がすることもあります。

そこで、この章では人生と心について深く向き合ったS・フロイト、C・ユング、A・アドラーの名言から幸せへの迷いを吹き飛ばし、より上手に幸せにたどり着く方法をご紹介しましょう。

ここで、この章の読み方を先にご紹介しておきましょう。

実際のところ幸せになるための道はシンプルです。次にご紹介するたった2つのルールさえ守ることができれば誰でも幸せになれます。

そのルールとは、

・幸せを阻害するものから距離を取る
・幸せを感じられるものに近づく

たったこれだけです。

しかし、みんななかなか幸せになれていないようです。あなたも時に自分の幸せを見失うことがありませんか？　シンプルなルールなのに、なぜ、みんななかなか幸せになれないのでしょうか？

それは、私たちの心と脳が少々複雑になりすぎてしまって、多くの「錯覚」を起こしてしまうからです。

実はアニメーションが動いて見えるのも錯覚ですし、アニメーションのキャラクターが喋っているように見えるのも錯覚です。その結果、私たちは幸せではないものを幸せと錯覚し、不幸ではないことを不幸と錯覚するのです。けが人を助けた人が、けがをさせた人だと誤解されてしまうことがあるように……。

なので、この章では「幸せの道のように見えて実はそうではないもの」と、「幸せから遠のくようで実は幸せへの入り口になるもの」を見極めるつもりで読んでください。

読み終えたころには、あなたの幸せへの考え方がずいぶんと変わり、幸せへとグッと近づくことでしょう。

1-1

アドバイスをするのは、疑わしい治療です。

心理療法家の名言に学ぶ……というテーマの本で、いきなり「アドバイスは疑わしい！」と語るとちょっと変ですよね。名言とは、賢人からの私たちへのアドバイスでもあるのですから。でも、この言葉はあなたが幸せに迷っているときこそ必要なのです。なぜなら、迷っているときは心が「答え」に飢えているような状態になるからです。実は、この状態はかなり危険です。放置しておくと、気づかないうちに幸せから程遠い方向に向かってしまうこともあります。

そこで、幸せへの迷いをなくすスタートとして、私たちを幸せから遠ざける「疑わしい」ものを避けるヒントをご紹介したいと思います。

さて、突然ですが、幸せの真逆とも思えるところから話を始めさせてください。あなたにとっては予想もしていなかった非常に悪い事態に陥ったと想像してみましょう。

この事態はこのまま進むと、あなたがこれまで築いてきた信用や信頼、立場や財産などなど、あなたの人生のすべてを失いかねないくらい最悪な状況です。あなたはこの先が不安で仕方がありません。

そして、「どうしてこうなったんだ……」「どうしたらいいのだろう……」と見つからない答えを求めて、ひたすら途方に暮れてしまっています。

そんなときに、僅かでも光明が見えたような気がしたら、それに飛びついてしまいませんか？　そして、ちょっとでも希望を感じて不安が軽くなってしまったら、その光明に盲目的にしがみつきたくなってしまいませんか？

たとえば誰かが「大丈夫ですよ！」「私は良い解決策を知っています。私の言う通りにすればいいのです！」とあなたに光明を与えたとしましょう。こうなると、その人が「救いの神」のように見えてきませんか？　希望のシャワーとでも言えるかのような、絶大な安心感に浸っていたい……そんな気持ちになるかもしれません。

実は私たちは強い不安に苦しめられてしまうと、不安を少しでも軽くしてくれる何かを驚くほどに美化してしまうのです。「こうしたらよろしい！」「こうすれば大丈夫！」という安心がとてもとても甘い蜜のように感じられて、その中毒になってしまうのです。

ここで、あなたにお伝えしたいとても大事なことがあります。それは迷いや不安があるときに生じる次の傾向、

「私たちの脳は確信を持っている人に影響されやすい」
「確信の強い人や集団にコミットすると思考停止しやすい」

の2つです。要は、私たちには確信を持っている何かにすがりたい一面があるのです。時に

は主体性や自由意志を放棄してでもこうなってしまうことがあるのです。

これは社会心理学の実験でも繰り返し確認されている事実です。私たちは誰かの確信に守られたいという暗黙の願望があります。その働きで、本当の「答え」にならないものを、「正しい」と信じ込んでしまうことがあるのです。

間違った答えを選んでしまうと、多くの場合で幸せから遠ざかります。ユングの言葉の意味は、人生の治療が必要なとき、すなわち幸せへの迷いがあるときほど、「光明があるように見えるアドバイスには気をつけましょう！」という助言なのです。

もちろん、アドバイスには大いに役立つものもあります。しかし、「人生の治療が必要なとき（人生を見失ったとき）」、アドバイスは役立つかどうか以前に「疑わしい」と思ったほうがいい……と思ってください。仮にそれが誤った助言であっても「確信」という媚薬に見えてしまうのです。

極端な場合、依存する誰かの言うことを信じ切ってしまう洗脳のような状態になることもあります。

大事なことは、「途方に暮れているときこそ、アドバイスは慎重に受け止める」という習慣を持つことです。まずは疑ってみましょう。疑い尽くしてもなお信頼できるのであれば、信じればいいのです。

ユングの言葉、不安なとき、途方に暮れているときこそ、思い出してください。

1―2

みんな、責任を恐れるものなのです。

突然ですが、昭和を代表するコメディアンの一人、植木等をご存知でしょうか？　彼のコントは笑いを誘うだけでなく、なんだか「ほっ」とさせる独特の軽快さがあります。

何が「ほっ」とするかというと、「責任」と程よい心理的距離を感じさせてくれるからです。人として生きていると、時に「責任」を重たく感じることがあります。責任と似た言葉としては、債務、責務、義務、重責、職責などなど……。うーん、なんだか重たい響きが積もりますね。働く人のカウンセリングでは、年々、責任が重くなって……というお悩みも数限りなくあります。

この節は、あなたが責任に悩んでいるときに繰り返し読んでもらえれば嬉しいです。

さて、フロイトの言葉にあるように、私たちは時に責任を恐れます。何かがうまくいかないときに、その責任を追及されると、さらに責任を一人で背負わされて追及される……と考えただけで気が狂いそうになる方もいることでしょう。かく言う私もその一人です。

では、時に私たちを悩ませる責任とは一体何なのでしょうか。

実は責任とは哲学の研究テーマにもなるくらい突き詰めるとややこしいテーマです。ですが、心理学的に考えると極めてシンプルです。

少々ややこしい表現になりますが、社会は人が構成するものです。そして、社会を構成する人々が一定の予定調和で行動することで社会が維持されています。

責任とは、あなたの周りの世界が、あなたに対して社会の予定調和を守ることを強く期待していることに他なりません。

もう少し重たい言葉で表現すると、周りの世界の期待に応えると約束させられ、そうできないときは罰を受けても抵抗しません……という「契約」を強いられているのと同じなのです。

さらに私たち人間の脳は、責任に敏感に反応してしまうように作られています。言い換えれば、予定調和を守ることへの周囲の期待に敏感なのです。責任を果たしたときの称賛を求めつつも、果たせなかったときの非難や罰に怯えながら生きています。

良くも悪くも、これが私たち人間なのです。なんとも、窮屈な運命に生まれたものだ……と思われる方もいるかもしれません。しかし、何万年も社会生活を続けてきたご先祖の末裔ですから、仕方のないことなのでしょうね。

そのせいでしょうか、この窮屈な空気を壊してくれるコメディアンがいつの時代でも必要とされています。昭和であれば先程ご紹介した植木等、平成であれば「テキトー男」として有名な高田純次がその代表と言えるでしょう。時代は変われど、令和でも、そしてその先でも、責任というものの「重さ」を壊してくれる「テキトーのシンボル」を私たちは必要とすることでしょう。

さて、話を幸せに戻すと、どうやらフロイトの言うように「責任」を恐れて程よい距離を取ることが必要だと言えそうです。では、どうやって程よい距離を取ればよいのでしょうか。

そのヒントの一つは、植木等の定番のコントに見出すことができます。その定番のパターンとは、まず、多くの人がとても真面目に取り組んでいる予定調和の世界が展開されています。その世界はリサイタルだったり、医療だったり、その舞台はさまざまですが、一つの予定調和でみんなが行動している「様式美」が展開されています。

そこにどこからともなく植木等が割り込んで、予定調和をじわじわと崩していきます。それに気付いた人々が一斉に植木等に厳しい目を……。制裁でも加えられそうな、一触即発の危機的な雰囲気が漂います。ただ、植木等はそこで取り繕うでもなく、「お呼びでない!?　コリャまった失礼しました～～」と飄々と去っていく……。

どうやら、その社会の予定調和に戻ることに執着しなければ、「責任」の窮屈さから離れられるようです。社会には無数の予定調和があります。無闇に壊してはいけませんが、一つの予定調和に執着すると幸せから遠ざかるようです。一つの予定調和に行き詰まったら、次の予定調和を探すことも悪くないのかもしれません。

1-3

「幸せ」とは、悲しみとバランスを取ることで意味を成します。

人として生きていると、時として悲しい思いをすることがありますよね。悲しみは痛みを伴う感情です。なぜ、こんな痛い感情が私たちには備わっているのでしょう?

それは、人は悲しみによって、もっと幸せになれるからです。この節は、あなたが悲しい思いをしたときに繰り返し読んでくださいね。きっと、もっと幸せになれます。

突然ですが、あなたが人生で最初に悲しいと感じたのはいつでしょうか。

子どものころにイベントでもらった風船が割れてしまったとき、楽しみにしていたお出かけが流れたとき……、母親に嫌な顔をされたとき、子ども時代に大切にしていたものとお別れしたとき、自分の人生が永遠でないことを知ったとき……。

こんな感じで、人それぞれにあることでしょう。

私の場合は幼児のころでした。大好きだった祖父に、私が大人になるころには自分はいないだろう……と言い聞かされました。幼児の私はなかなか理解できませんでしたが、少しずつその意味が分かってきました。

すると、なぜだか大きな悲しみに襲われ、心がとても痛くなりました。そして、このことを考えることをやめてしまいました。子どもながらに、私は死別の切なさを実感したのかもしれません。

でも、そのおかげで、祖父と一緒にいられるあらゆる時間を強く意識するようになりました。やがて私が少年に成長して世界が広がってしまうと、祖父と一緒の時間は徐々に小さくなりました。ですが、短い時間でも一緒に過ごせた何気ない瞬間は今も心の中に生きています。

なぜ、何気ない瞬間がしっかりと心に生きているのでしょうか？　それは、大きな悲しみに襲われたことで、相対的に祖父が居てくれることの幸せ感が高まったからです。

実は悲しみが私たちに与える痛みは、生存本能にある意味を知らせる「信号」です。その意味とは「その何かを失うと幸せから遠ざかる」ことです。

つまり、悲しみは私たちに「何が幸せかを教えてくれる」のです。言い換えれば、私たちは悲しみを経験することで、本当の幸せに目覚めるのです。

そして、悲しみにはさらに大事な役割もあります。何か大事なものをなくしたときや期待どおりに物事が進まなかったとき、悲しい気持ちが長く続きませんか？

悲しみが長く続くということは、心の痛みが長く続くということです。

これは多くの人にとって辛い状況です。いったい、なんのために脳と心はわざわざ悲しみを長引かせるのでしょうか。

答えは2つあります。まず、最初の答えをご紹介するために、私たち人間のとても大事な本質をご紹介しましょう。

私たち人間は「絆」に幸せを見出すように進化しています。そして、絆は同じ気持ちを共有することで深まります。

悲しみが長引くということは、同じ気持ちを誰かと長く共有できるということです。

私たちは悲しみによって、人とより深くつながることができるのです。一つの幸せを失ったとしても、そこで生まれる悲しみの共有で、次の幸せをみつけるきっかけが得られるのです。

そしてもう一つの答えを紹介するために、次の人間の本質をご紹介しましょう。それは、私たちを取り巻く環境も、私たち自身も、常に変化し続けているということです。

繰り返しになりますが、悲しみには痛みが伴います。悲しみという痛みを避けたいという思いが、私たちに良い変化を促す心の原動力にもなるのです。

たとえば、少年が大人になり、両親が加齢によって相対的に小さくなる……親の生物学的衰えは悲しいものですが、この悲しさが少年に成長を促すのです。「悲しい」は成長の原動力でもあるのです。

もし、あなたが何か悲しい思いをしたとき、ユングのこの言葉を思い出してください。「悲しみがあるから、幸せがある」のです。そして、悲しみの深さだけ、幸せは大きくなり得るのです。

1-4

忘れるのは、忘れたいからです。

大事なことを忘れてしまって、困ってしまったことはありませんか？　特に仕事が関係することを忘れてしまうと最悪ですよね。

ですが、このような現象もあなたの幸せを見つけるヒントになるのです。もっというと、フロイトのこの言葉は幸せのヒントでもあり、同時に成功のヒントでもあります。

なぜこんなことがそんな重要なヒントになるのかって、疑問に思われるでしょうか？　それは、心理学的な事実として、人は非常に優れた記憶システムを持っているからです。私たちはその気になれば、何でもかんでもヒョイヒョイと覚えられるように作られています。

なのに、「大事だとされる」ことを忘れてしまう……。なんだか不思議な現象ですね。

このような矛盾は時に真実への入り口です。ここでは「忘れる」という現象から、幸せの、そして成功へのヒントを探りましょう。この節は、大事な何かを忘れて落ち込んだときに読み返してくださいね。

まず、私たちの記憶は無意識に覚えるべきことと、忘れるべきことを選択しています。そして、必ずしも「周りが、世の中が、あなたに期待していること」に沿って選択されるわけではありません。もっとより深い、「あなたの魂が、あなたに期待していること」に沿った選択であることがほとんどです。

たとえば、私の例で恐縮ですが、若手時代の私は無学無名の心理学者で、実績もコネもありませんでした。心理学界はコネで人事が動く世界です。安定的に仕事を続けるにはコネクションの開拓活動がとても大事です。

具体的には、勢力のある著名な先生が主催する学会や研究会に貢献して、有力者に評価していただける活動をするべきでした。特に学閥がない私が業界で生き残るには、この活動が「大事」な「セオリー」だったはずでした。

実際、かすかな縁故を辿って参加できそうな会の情報は集めていました。しかし、なぜか申し込みを忘れてしまうのです……。情報を得ても「予定を確認しなければ……」と自分の中で理屈をつけては先延ばしし、いつしか忘れてしまいます。

そして、気づいたときには手遅れでした。「しまった！」「参加していたら仕事の可能性が広がったのに……」と自分を責めたものでした。セオリー通りに行動できていないのですから、将来に大きな不安も感じていました。

ですが、そのお陰でいいこともありました。それは、その時間と労力を別のことに費やすことができたのです。またまた私の例で恐縮ですが、当時の私は「うつ病は『脳の病』ではなく、『社会的存在』としての病である」ことを科学的に証明すること、そして人についての視野を広げるために積極的に異業種交流をすること、この2つに時間を費やしました。

これらの活動が将来の役に立つか全く分かりませんでしたが、私はワクワクできました。だから頭では「大事」と思っていても、セオリー通りの行動は忘れてしまっていたのです。

その結果、今の私があります。詳しいことはのちほど紹介しますが、当時の私の行動が他の心理学者がやらない諸々の活動につながって、結果的に仕事が増えています。

フロイトの言葉通り、私の魂は若手としてのセオリー通りの活動は「忘れたかった」ようです。その分だけ大きな不安も伴いましたが、ワクワクできる何かに取り組みたかったようです。

決して成功しているとはいえませんが、心理学者としては他にはない特徴を持つことができました。セオリーからは外れていますが、仕事も発展して今はこの本を書いています。

「大事」だとされることを忘れるのは困りものですが、人は心の底から「大事」だと思えることとは決して忘れません。人生は限られています。忘れてしまいそうな大事なことではなく、忘れられない大事なことに人生を費やすのはいかがでしょうか？

話が広がりますが、実は楽天創業者の三木谷浩史氏は「仕事に恋をする」ことを成功の秘訣に挙げていいます。恋の対象であれば忘れませんものね。自分は何を忘れるのか、忘れられないのか……ここから、幸せや成功のヒントがつかめることを、どうか忘れないでください。

1-5

愛すること、働くこと

突然ですが、美輪明宏の『ヨイトマケの唄』をご存知でしょうか？　過酷な肉体労働でボロボロになっている「母ちゃん」が「子供のためなら……」と嬉しそうに働く姿を歌い多くの感動を呼びました。この歌における「母ちゃん」の幸せを表したものが、フロイトのこの言葉と言えます。

フロイトは大人の条件や人間の本質について語る中でこの言葉を残しました。もちろん、愛することと働くことだけが人生のすべてではありません。ですが、この二つが私たちを幸せに導く近道になることもあります。

他に生きる意味が見いだせないとき、暫定的にでも愛することと働くことを生きる意味にすることで救われることもあるかもしれません。そこで、ここではこの言葉を掘り下げて考えてみましょう。

まず、ここで言う「愛」と「働く」について現代心理学的に少し詳しく説明しましょう。まず「愛」についてです。あなたは「愛」とは何だと思いますか？

フロイトは当時としては大胆に「エロス（性愛）」を論じたことで有名です。なので、フロイトが「愛」を論じると快楽としてのエロスが連想されるかもしれません。

エロスは生存と生殖の本能、生き残って命を次世代につなぐエネルギーです。あらゆる生命の根源的な行動原理でもあり、命の源とも言えます。神聖なものとして崇める文化や価値観もあります。これはこれで、幸せの一つの側面とも言えるでしょう。

また、エロスは一時的に強力な快楽と満足をもたらします。これも一種の幸せかもしれません。ただ、この快楽と満足はあまりに強力なので、これに溺れると短絡的になります。堕落したと呼ばれる状態になることもあります。実際、セックス中毒（依存症）という症状もあります。

そのため、価値観や文化によっては禁忌とされ、制限される場合もあります。エロスの快楽と満足に身を任せすぎると逆に幸せから遠ざかることもあり得ます。

つまり、フロイトがここで言っている「愛」とはエロスのことではありません。

実はここで言う「愛」は現代の心理学では「愛着」と呼ばれるものです。愛着はエロスとしての愛とは似て非なるものです。関わっている脳のネットワークも違います。

愛情をシンプルに表現すると、「好きなものは大切にしたい」「いつまでも一緒に」「なくなると寂しい」という感情です。「寂しさ」という苦痛も伴いますが、その分、私たちを温かい、そして幸せな気持ちにしてくれます。

愛着によって、私たちは自分だけの世界、言い換えれば一人称で快楽を追求するだけの世界から、二人称、三人称で幸せを追求する世界へと導かれます。また、愛着は「いつまでも」という「この先の未来」へも私たちを誘います。

このように、エロスとしての「愛」から愛着としての「愛」への進化は、私たちのご先祖の生き方を大きく変えました。末永く助け合う生物へと進化し、一時的な快楽を超えた幸せを見いだせるようになったのです。

つまり、フロイトの言う「愛」を現代的に言えば、「ずっと大切にしたい、いつまでもともに在りたい何かを見出すこと」と言えるでしょう。

では、「働く」とは何でしょうか。多くの方は、働くことや労働は、ほぼお金を稼ぐこととイコールに考えるのではないでしょうか。

確かに、お金は大切です。現代社会ではお金の回転で社会が動いています。お金がなければ生きられません。大切な何かを守るためにもお金は必要です。

実際、お金はエロスと関わる脳のネットワークを刺激することが分かっています。人間にとって、お金はすでに動物的な本能になっているのです。私たちはお金でエロスに近い快楽を得られます。お金で私たちは心地よくなれるのです。

しかし、ここで言う「働く」は単にお金を稼ぐこととはちょっと違います。自分の一時的な快楽のために働くのではなく、「愛着を感じる何かのために手間暇を尽くす」ことが「働く」です。あなたが働くことで愛する何かがずっと輝く……何だか素敵ではありませんか？

実は私たちの脳は愛着と未来への希望によってあらゆる苦痛を忘れ去るように作られています。言い換えれば愛する何かのために働くことで私たちは幸せになれるのです。

生きる意味を見失ったとき、どうか身近にある世界の中に大切にしたい何かを見つけてください。たった一つでも構いません。そして、その何かを守るために自分に出来ることを考えてください。あなたの愛着の脳と、未来を描く脳が共鳴し合って、きっと、幸せな気持ちになれることでしょう。

1-6

どんなものであれ、中毒はよくありません。たとえそれが、アルコールでも、モルヒネでも、理想主義でも。

「よくありません」と言われると何だか説教臭いかもしれません。ですが、時にはこのような言葉も必要です。

なぜなら、幸せになるためには、私たちを幸せから遠ざけるものには警戒する必要があるからです。その一つがユングの言うところの中毒、現代の私たちが言うところの依存症に陥ることです。

ただ、ユングに言われなくても依存症の危険性は現代に生きる私たちは繰り返し聞かされてきています。特に違法な薬物への依存は厳しく戒められていますね。

ユングもモルヒネを挙げていますが、かつては、「覚醒剤やめますか？　それとも人間やめますか？」のキャッチコピーで戒められたこともありました。このコピーは依存症患者の人格を否定するものなので現代では批判も集めていますが、それくらい現代社会では薬物への依存症は強く戒められているといえるでしょう。

また、アルコール依存も健康だけでなく社会生活を危険に晒すことがよく知られています。この他、ギャンブル依存も古くから問題になっていることですし、近年ではスマホ依存やゲーム依存などもその危険性が言われたりしています。

これらの依存症は一時的で強力な快楽が脳内で癖になって、その依存対象を無限に求める脳細胞のネットワークが出来上がることが原因です。この快楽ネットワークに意識が乗っ取られてしまうと、依存対象のことしか考えられなくなってしまいます。

言い換えれば、心と行動を依存症に乗っ取られているような状態で、本人の人格が半ば失われています。この状態が良くないことは現代社会では広く共有された常識と言えるでしょう。

ただ、「理想主義」はどうでしょうか？　ユングは理想主義も危険な依存症の一つに挙げています。理想主義とは、文字通り理想を追求し、その実現に向けて努力を惜しまないことです。自己実現と表現されることもありますが、現代社会では良いことと考えられることが多いでしょう。

なにより、理想を追求する行為の多くは、必ずしも脳内の快楽追求回路を刺激するものではありません。むしろ、理想の追求で刺激される脳は、望ましい未来のイメージを描く脳であることが多いです。この脳が働くことで、私たちはあらゆる苦痛を忘れ去ることもできるといわれています。

このように理想の追求は世の中的にも良いこととされることもあり、脳にも良い刺激があるかもしれないのです。その意味で、私たちが戒められてきた薬物などとは大きく違います。なのに、なぜ、ユングは理想の追求も中毒、依存症に陥ると「よくない」ものとして挙げているのでしょうか？

それは、理想の追求が過ぎると周りの人の幸せを犠牲にしやすいからです。そして、気づけば自分自身の幸せも奪っていることもあるからです。

突然ですが、映画『アベンジャーズ』シリーズをご存知でしょうか？　シリーズを通しての最大の悪役はサノスという宇宙の秩序回復という理想を追求する男でした。

人類（宇宙人？）が増えすぎて宇宙のバランスが崩れている、手段を選ばないサノスは人類の半分を粛清することを決めて行動に移すのです。このことで劇中では無限とも思える悲劇が生まれます。理想に燃えるサノスは誰も幸せにしないのです。

宇宙人サノスが私たちと同じ脳を持っているかはさておき、実は私たちの脳も理想の未来を「計画」すると、残酷になれてしまいます。計画で刺激される脳は、人の痛みを感じ取り第三者目線で自分を顧みる脳の働きを阻害してしまうのです。

あなたの身近なところにも、「こうするのがみんなの幸せなの！」「こうでなければみんなのためにならないんだ！」と、勝手な理想に燃えて周りを苦しめている人はいませんか？　本人は理想に酔いしれているので、幸せかもしれません。

しかし、周りは追い詰められて不幸になるだけです。本人はまったく気づきません。こういう人からは人も離れていきます。

　実は、子どもが期待通りの行動が出来ないときに親や指導者が「どうして出来ないの⁉」と言っている場面も同じです。子どもなりに頑張っているのに理想を優先して追い詰めてしまう大人って、ある意味ではサノス並みに残酷なのかもしれません。子どもは大人の理想の犠牲者なのです。

　どんなに崇高であっても理想主義への中毒は「よくない」のです。理想とは程よい距離を取りたいですね。

1-7

美というものには具体的な使い道はなく、明確な文化的必要性も全くありません。しかし、それなしでは文明は成り立ちません。

この言葉は少々大げさで難解に見えるかもしれません。「美」とか、「文化」とか、「文明」とか……なんだかとても大層なことを宣っているかのように見えますし。ですが、このフロイトの言葉はあなたを幸せと成功に導く秘訣が詰まっています。

特に「頑張っていい結果を出したのに、誰も認めてくれない」「最高の成果を出したはずなのに、全然評価されない！」「これ以上、何をどうしたらいいの？」などと、努力の結晶が正当に評価されなくて悔しいとき、これ以上、自分が何をしたらいいのか見失っているときに最高のヒントになります。

まず、フロイトのこの言葉をもっと分かりやすく言い換えてみましょう。奥深い言葉なので、言い換えるには3つの言葉に分解する必要があります。少し長くなりますが、必ず役立つものなのでどうかご覧くださいね。

まずは「美」と「文明」の関係についての2つをご紹介します。「美」と「文明」を現代風に言い換えると、前者はそれを感じる心の中にあるものなので仮に「価値」とできるでしょう。後者は技術的な何かを含むものなので、「テクノロジー」とできるでしょう。すると、次のように言い換えられます。

「もし、あなたが至高のテクノロジーを持っていたとしても、誰かがそこに価値を見出してくれなければ無意味である」

「仮にあなたが凡庸なことしかできなくても、誰かがそれに価値を見出してくれるなら意味がある」

前者のたとえ話ですが、いわゆる誰も真似できない「超絶テクニック」を持っているギタリストがいたとします。ただ、そのテクニックが凄すぎて、観客は何をしているのか分かりませんし、感動もしません。

こうなると、聞いてくれる人も少なくなり、一緒にバンドを組んでくれる仲間もいなくなるでしょう。このテクニックは確かに「凄い」かもしれませんが、このテクニックを生活の糧にしようとするとうまくいかないことでしょう。

一方で、6歳のお子様ギタリストが「大人のプロギタリストとしては及第点のテクニック」を持っていて、大人に交じって大人同然の演奏をしているとします。神童としてもてはやされ、彼を中心にバンドが組まれ、彼のステージが大人気になり得ます。

やり手のプロモーターなら立派なビジネスに仕立てるでしょう。興行収入が誰に入るかはともかく、「普通の」テクニックが誰かの生活の糧になり得るのです。

このように至高のテクノロジーがあっても、それに誰も共感せず、価値（美）に気づいてもらえないなら、その社会やコミュニティでは「文明」とみなされません。逆に、大人には普通のことでも「子どもがやっている」ということで価値を見出されたら「文明」になるのです。

つまり、テクノロジーはその社会やコミュニティにおける「美（価値）」が伴うことで多くの人に支持され「文明」となり、場合によってはお金も集まるのです。

頑張っているのに、成果を出しているのに評価されないとき、あなたの努力は「無駄な超絶テクニック」のようになっていないか振り返ってみましょう。あなたが評価してほしい社会やコミュニティは何に美を見出し、何に価値を見つけるのか、考えてみればヒントが見えてくることでしょう。

ただし、先程のたとえ話で言うところの「超絶テクニックのギタリスト」が不幸かどうかは話が別です。ここからは文化の話になりますが、あなたは文化をどのように捉えていますか？

文化とは「共有された物語」ということができます。多くの場合で、社会やコミュニティで共有された物語が文化と呼ばれています。

ですが、共有の範囲を変えてみてはどうでしょう？　例えば、10年前、20年前のあなたと今のあなた……「あなた」の中で共有されている物語はありませんか？

このような「一人称の文化」も立派な文化です。この文化を私たちは「キャリア」とも呼びますが、誰に理解されずとも、生活の糧とならなくても、あなたの中で共有されている何かも立派な美であり、文化であり、文明なのです。本当に幸せな人は、こういう「美」も大切にしているものなのです。

1
―
8

あなたが向き合わなかった問題は、いずれ運命として出会うことになるでしょう。

ユングのこの言葉を見て追い詰められた気分になる方もいるかもしれません。取り方によっては「運命からは逃げられませんよ」と言われているようなものですので。

ですが、逆に言うと「忙しいときに難しい問題に向き合わなくても、時間のあるときに余裕を持って向き合えるものですよ」という意味でもあります。

言い換えれば、「面倒なことには、まだ向き合わなくてもいいですよ」とか、「今は難しいことは考えなくても大丈夫!!」と言われているようなものです。こう捉えると安心できる人もいるのではないでしょうか。

もちろん、ユングは「逃げられませんよ」という意味も意識していたようですが、カウンセリングにおいては「大事なことは、今は放っておいてもいずれ戻ってきますのでご安心ください」というニュアンスが大切になる場合もあります。

そこで、この節は、あなたが「早く問題を何とかしなければ！」と焦っているときに繰り返し読んでくださいね。

さて、突然、現代社会を論じるようになって恐縮ですが、あなたの周りでも「先延ばしをしない」ことが大切にされているでしょうか？　仕事など、期限が決まった短期目標に向かっている場合には不可欠なことですよね。

実際のところ、中長期的な目標であっても「早め」は有利です。時間に余裕がある「早め」の対応であれば、万が一のトラブルがあったときにも「取り返し」がつきますよね。

また、ビジネスにおいても「先行者利益」という言葉があります。これは誰も目をつけていない新しいマーケットに、誰よりも早く参入することです。ここでも「早め」の良さがいわれています。

このように、現代社会では何でもかんでも「早め、早め」の良さがいわれています。ですが、果たしてこれでいいのでしょうか？　何だか、無闇に急かされているような気がしてしまうのは私だけでしょうか？

たとえば、「終活」というビジネスのマーケットがあります。このビジネスでは「早めに人生の閉め方をプランニングしておきましょう、そのほうが満足できる死に方ができますよ」という価値観が提供されることが多いようです。遺骨の扱い方や自分のお葬式まで、存命中に人生の最期をプロデュースできるというサービスが多いようです。

確かに死は誰もが避けて通れない運命です。死に方の問題は、いつかは向き合う必要があります。実は脳レベルで考えても、予め後悔しない死に方を考えて、その通りに死ねることは極めて安らかな死に方でもあります。

ですが、人生という物語が続いている中で、言い換えれば生き方を考えるフェーズの中で死に方を考える必要はあるのでしょうか？

別のたとえになりますが、「就職」も多くの人にとって避けられない運命の一つでしょう。そして、今の世の中では「最終学歴」のランクでその後の職業人生が決まるかのような価値観があります。

実際、企業は新卒採用における「学歴フィルター（在籍大学のランクが一定以上の学生だけを説明に参加させること）」の存在を否定しますが、しばしば、企業が新卒生集めを委託している業者が「忖度」として実施しています。

このような「忖度」を喜ぶ企業に勤める人生が「後悔しない死に方」の大事な要素なのであれば、「早め、早め」の姿勢は重要かもしれません。

ランク上位の学校に入るには早くから受験対策を始めるほど有利です。受験における「先行者利益」で学歴フィルターを通過するだけでなく、その後の選考でも優位に立てる大学へ入ればいいでしょう。

しかし、二十歳前後の良いときを就職で有利になるために使うだけでいいのでしょうか。あなたの魂が「生きたい生活がある」と叫んでいるのであれば、この先の就職はさておき魂が求める生活ができる学校に入って、自分の人生を精一杯生きるのもよいのではないでしょうか。

きっと、何かを「精一杯生きた!!」という充実感と満足感のある方なら、その先の人生も「精一杯」生き抜けるでしょう。

この他、私たちの人生には両親など家族との葛藤、満たされない願望や劣等感との付き合い方、背負ってしまった「罪」の清算、などさまざまな「運命」があり得ます。気になって頭から離れないこともあるでしょう。

ですが、明日できることは、明日やればいいのです。本当の運命ならこの先まで待っていてくれるものです。どうか、時には「今しかできない何か」を全力で生きて、あなたが生きていることを実感してください。

1―9

幸福になる方法は、自分で実験してみなければ分かりません。

この言葉は、あなたが何かの自己啓発書や自己啓発セミナーなどで幸せのヒントを得ようとしているとき、そして親や先輩、師と仰ぐ誰か、などのロールモデルのように幸せになれていない……と切なくなったときに繰り返し読んでください。フロイトのこの言葉が、本当の幸せなステージへとあなたの背中を優しく押してくれることでしょう。

さて、突然ですが、筆者は25年以上、学生さんの心理相談をやっています。その中で、かつて美大の新入生さんが、次のようなお悩みを持っていることが多い時代がありました。それは、「入学後、絵がつまらなくなってしまった」というものです。

彼らは大好きな絵を「毎日描ける！」とワクワクしながら入学したはずです。なぜ、そうなるのでしょうか？

美大の学生さんの多くは、絵を描くことにかけてはとても才能にあふれています。小さいころからちょっと本気でやれば、場合によっては頑張らなくても、誰よりも上手に描けたのでしょう。言い換えれば、「学校で一番、絵がうまいやつ」だったのです。

ところが、美大の多くは、日本中から「一番、絵がうまいやつ」が集まります。才能がある人が集まるわけです。となると、ほとんどの美大生は美大の中では「普通のやつ」になってしまうのです。

絵の天才から凡人へと突き落とされるのです。ショックから「絵が嫌になった……」と大学をサボり気味になってしまう人も少なくありませんでした。時には「もっとすごいやつ」に初めて会ってショックを受けた……という場合もありました。

近年ではSNSなど情報化が進んだので入学前に「同じくらいすごいやつ」や「もっとすごいやつ」の存在を知っていることがほとんどです。なので、最近はこういうお悩みは減ったようです。ただ当時は演奏や声楽で日本中の「一番うまいやつ」が集まる音大でも似たような状況がありました。

彼らはなぜ、絵や音楽が嫌になってしまって、その後は頑張れなかったのでしょうか。その秘密を理解するポイントは、才能が与えてくれただけの「一番うまいやつ」というポジションです。実はこのような努力せずに得たポジション、心理学では「アイデンティティ（生き方の方向性）の早期完了」と呼んでいます。

「才能を活かす＝幸せ」ではないのですが、周りから一目置かれて尊敬されると嬉しいものです。ついつい、そのポジションが「自分」だと思ってしまいます。ですが、苦労して手に入れた「幸せ」ではないので、思い通りにいかないと一気に魅力を失うのです。

アイデンティティの早期完了は才能がある人だけのことではありません。心理学では「モデリング」と呼ばれるメカニズムで誰にでも起こり得ることです。

たとえば、小さい女の子が「おとなになったら?」と聞かれたら「お嫁さん」や「お母さん」と嬉しそうに語ることがありますよね。特に父親が素敵な方で母親が本当に幸せそうだったら、その子の中でお嫁さんやお母さんというポジションがますます輝いて見えることでしょう。

さらに周りの大人に子どもの夢を微笑ましく見てくれる雰囲気があると、子どもの夢は大きく育ちます。アイデンティティとして根深いものになるでしょう。

しかし、お嫁さんもお母さんも素敵な夫があってこそ幸せになれるものです。安易に交際男性に素敵な父親のイメージを重ねてしまうと、「お嫁さん」は幸せとは程遠い現実に直面することになります。

「お母さん」も周りから母親として祝福され十分なサポートを得ることで初めて幸せな母親になれるのです。子どもの夢をむやみに壊す必要はありませんが、その背景もよく分からない「経験が伴わないアイデンティティ」に安易に人生を委ねると幸せから遠ざかることも多いのです。

このように、とても幸せな生き方に見えても、それを安易に真似するだけでは劣化コピーになるだけなのです。だから幸せから遠ざかるのです。あなたが自分の幸せについて安易な答えに頼ってしまいそうなときに、どうぞこのフロイトの言葉を思い出してください。

なお、実はフロイトと犬猿の仲になったアドラーも「人は失敗を通じてしか学ばない」という言葉を、同じく決別したユングも「すべての事例に適合するような人生の処方箋はない」と残しています。人間観において相反する三人が同じ意味のことを言っているのです。

「幸せとはモデルではなく、自分自身の経験から学ぶもの」と心の奥に常に留めておきましょう。

1―10

人間の性質は、単に全てが光明からなるのではなく、実は多くの影によって占められています。

この言葉の意味をすごくシンプルに表すと「人の悪口は語ったほうがいい」と言っているのと同じです。ですが、このようにストレートに表現すると不思議に思われるかもしれません。だって、私たちは子どもの頃から人の悪口は無闇に言うものではないと教えられているからです。

実際のところ、悪口はあなたの評判を下げるリスクがあります。悪口の対象になっている人と親しい人がその悪口を耳にすると大変です。耳にした人にあなたが悪く思われるだけでなく、あなたが語った悪口を他の人にも共有されるともっと大変です。あなたを嫌う人が増えることでしょう。こうなると敵を増やす結果になります。

対象になっている人と無関係な人であっても要注意です。「この人は他人のことをこういうふうに悪く思うんだ。変に関わると私も悪口を言われそうだから、距離を取ろう」とあなたから離れていくかもしれません。企業の中途採用の面接でも、前の職場の悪口を言う人はほぼ採用されません。「不平や不満が多い人」というイメージを持たれて警戒されるからです。

メールやSNSにうっかり書き込んでしまった悪口が大問題になってしまう場合もあります。立場を失うなど社会的制裁を受けた例も多いですよね。むやみに悪口を言うのは、まさに「大怪我」の元なのです。

なのに、なぜ、ユングのこの言葉から「人の悪口は言ったほうがいい」と言えるのでしょうか？　それは、悪口を生み出す「心の影」が私たちの本質の一つだからです。なので悪口を徹底的に拒否するということは、私たちの本質を拒否するのと同じなのです。

たとえば次のような場面を想像してみてください。あなたは企業の営業マンです。そして、上司と共にある顧客を訪ねることになっているとします。すでに何度も訪ねて関係のできている取引先で、案件は「予定調和」とも言えるような今後の取引の確認にすぎません。

あなたも上司もそれぞれの別件が立て込んでいるので、現地に10分前集合で大丈夫ですね……と約束をしていました。それでも、あなたは余裕を持って15分前には現地に着くつもりでした。

ですが仕事にトラブルはつきものです。直前の仕事が予定通りに進まず、上司と約束した10分前にギリギリ着くかどうか……という状況になりました。

あなたは上司に連絡する時間を惜しめば何とか間に合う……という算段で現地に急ぎました。数分遅れても、上司に直前の状況を話せば理解してもらえると期待していました。

結果的に現地には8分前に着きました。2分遅れましたが、顧客との約束にはまだ余裕があります。しかし、合流場所に上司はいません……。上司に電話してみたところ、なんと、顧客が直前に「〝おしり〟の時間が厳しくなったので、ちょっとでも早く始められないか？」と上司に電話してきて、早めに話が始まってしまっていたのです。

合流したときには、すでに上司と顧客の間では案件の話に入っていて、あなたは遅刻扱いでした。顧客の前では隠していましたが、取引先からの帰り道、上司は怒っていました。

そして「顧客の事情で時間の変更もあり得るんだから、遅れるならちゃんと連絡しろ！」と叱られてしまいました。あなたは、言い訳もできずにモヤッとした気持ちを抱えたまま一日が終わりました。

さて、この状況、あなたはどう思いますか？　あなたのモヤッとした気持ち、これは誰のせいなのでしょうか？　誰が悪いのでしょうか？

模範的とされる社会人なら「連絡しなかった自分が悪かった」と自己責任を自覚するべきなのかもしれません。

ですが、当初の約束を勝手に早めたのは顧客と上司ですし、あなたも遊んでいたわけではありません。会社のために働いていたのです。それを一方的に非難されると不満の一つや、上司の悪口の一つも言いたくはならないでしょうか。

このように不当に扱われた気分になると言いたくなるのが悪口なのです。心の本質としては極めて自然です。むやみに外に出すのは危険ですが、大切なあなたの心の一部なのです。他の人にも大切にしていただきたいものです。

なので、相手を選んで語らせていただくといいでしょう。秘密を守り、あなたの味方になってくれる方であれば、「クソ上司、だから出世できないんだよ！　ハゲるんだよ!!」くらい言ってもいいでしょう。

こうすることで、あなたの心は無理が一つ減って、幸せへとさらに一歩近づくことでしょう。悪口は相手を選んで語りましょう。

なお、執拗ないじめやパワハラなど実害が続くときは悪口を語るだけだと逆に辛くなる場合もあります。その場合についてはまた後で考えましょう。

1-11

生きる意味や価値を考え始めると、我々は気がおかしくなってしまいます。生きる意味など、存在しないのですから。

突然ですが、「生きてるだけで丸もうけ」という言葉を聞いたことはありますか？明石家さんまさんが語ったことで有名になった言葉です。この言葉は幸せの秘訣でもあり、成功の秘訣ともいえるものです。

ここでご紹介するフロイトの言葉も実はとても近いことを表しています。あなたがこの言葉を使いこなせるように、これからその本当の意味を詳しく説明しましょう。

まず、私のカウンセリングの一つをご紹介しましょう。私はうつ病を専門分野の一つにしているので、多くのうつ病の患者さんのカウンセリングを行ってきました。うつ病のきっかけとして割とよくあるパターンの一つに「婚約破棄」があります。

口約束の婚約から式場予約済みまで婚約の客観的な「レベル感」はさまざまですが、いずれにしてもご本人の体感としては「お相手と共に生きる今と未来」が奪われてしまう体験です。婚約者は多くの場合「ずっと共にいたい」という愛着の対象です。愛着を向けている対象を失うことを心理学では「対象喪失」と呼びますが、激しい心の痛みを伴うことが知られています。

また、多くの場合で自分に対する疑念も伴います。自分の何がいけなかったのだろう、自分はパートナーとして選ばれない、何か問題がある人間なのだろうか……など、考えれば考えるほど自信を失い、自分に絶望することになります。心の痛みと絶望感に苛まれて、うつ病に陥るのです。

そんな患者さんの一人に、元気だったころはサーフィンが趣味だった方がいらっしゃいました。あまり薬が効かない方で、薬を飲んでもまったく気が楽になりません。カウンセリングでお話ししている間は一時的に気が楽になるのですが、すぐにまた重たい気分に戻ります。

何をしても気が晴れないのです。睡眠剤で寝る時間だけは確保しているのですが、睡眠の質も良くないので日に日に弱っていく印象でした。

そんな患者さんが、あるとき見違えるほどイキイキした顔でカウンセリングにおいでになりました。まるで別人のように颯爽としています。いったい、この患者さんに何が起こったのでしょうか。

実はこの患者さん、何をしても気が晴れないことに嫌気が差して、思い切ってサーフィンに行かれたそうです。

ただ、海に出ただけでは気が晴れません。「サーフィンやってもダメか……」とあきらめかけていた矢先、突然ブレイクアウトした大波に飲み込まれました。大きく持ち上げられた勢いで沈められ、さらに水面下で発生していた渦に巻き込まれ……と命の危機を経験したそうです。

この状況、慌ててしまうと酸素を無駄に消費して本当に命を失うような極めて危険な状況です。ですが、この患者さんは冷静に対処して無事生還できたのだそうです。

「やった、助かった!!」「オレ、無事に生きてる!!」と、その瞬間はしばらく味わったことのない喜びが駆け抜けました。そして、なんと、重たい気分がすっかり軽くなっていたそうです。そこからは、多少の波はあるものの、ずっと晴れ晴れとした気分が続いているようです。

詳しくお話を聞くと、このサーフィン以来、「オレは生きてる」と実感できるだけで嬉しくなったそうです。そうすると、何気ない呼吸、何気ない足取り、など生きているから感じられるあらゆる感覚が「素晴らしい」ものになったそうです。こうして、この方は順調に回復していきました。

どうしてこんなことが起こったのでしょうか。その答えは「生きる本能が刺激された！」に尽きます。

私たちの「意識」は４つの脳のバランスで成り立っていますが、うつ病は「自尊心を生きる脳」「今と未来をつなぐ脳」「愛着と安心を生きる脳」が悲鳴をあげている状態です。この患者さんの場合は婚約破棄という悲劇が悲鳴の原因です。この悲劇は変えられません。

しかし、生きる本能とも言える「悦びを生きる脳」は他の３つの脳に圧《お》されていますが、元気に機能しています。そして、命が脅かされたことで、この脳が刺激されたのです。言葉を換えると、悦びを生きる脳が他の3つの脳の悲鳴を意識から追い出したのです。

人類になって進化した「今と未来をつなぐ脳」は意味を求める脳なので、私たちはついつい「生きる意味」を求めてしまいます。そして、「生きる意味」がないと生きる資格もないかのように感じてしまいます。でも、本当は「生きている」こと、これ自体が「意味」なのです。「意味」を見つけると「今と未来をつなぐ脳」は喜ぶかもしれませんが、このことで「悦びを生きる脳」をないがしろにする必要はありません。生きているだけで、もう十分な意味なのです。

1－12

幸せの三要素は、自分自身が好きかどうか。よい人間関係を持っているかどうか。そして、人や社会に貢献しているかどうか。

「幸せはどこにある？」と聞かれたら、あなたはどう答えますか？　いろんな答えがありそうですが、幸せは心が感じるものです。なので、答えの一つとしては「心にあります」と言うことができそうです。

では心は何に幸せを感じるのでしょうか？　その答えの重要な一部を表しているのが、このアドラーの３つの答えです。実際のところ、私たちには社会的にカスタマイズされた社会脳が備わっています。アドラーが指摘した３つはこの社会脳の部分が私たちに与えてくれる幸せです。実は相互に関連するものですが、幸せの一つの形と言えます。

そこで、ここではどうすれば「自分自身が好き」になれて、「よい人間関係」を持つことができて、そして「社会貢献」ができるのか、ご紹介しましょう。

まず、「自分自身が好きかどうか」これが社会脳の働き？？？　と疑問に思われる方もいるかもしれません。

ですが、私たちは「周りの人のリアクション」から自分を認識しているのです。

たとえば、周りの人が自分に嫌な顔をしたとしたら、あなたはどのような気持ちになるでしょうか？　一つのパターンとしては、「自分は何かやらかしたの？」「なにかヤバいことしちゃった？」などと自分について気になったりしないでしょうか？　仮に、その相手が自分にはあまり関係ない人だったとしても、誰かに嫌な顔をされるとなんだか気になってしまいますよね。

実は私たち人間の脳が最も敏感に反応する刺激は人間です。もっと正確にいえば人間の表情です。そして、これは私の研究で恐縮なのですが、その表情や態度に嫌な顔などの「拒絶」のメッセージが込められていると、自分について考え込み始めるのです。

その多くが、自分の悪いところ、すなわち、誰かに嫌がられるような悪いところがあるのだろうか……というネガティブな自己注目に向かいます。こうなると「自分自身が好き」とはなかなか実感できなくなることでしょう。

一方で、誰かがあなたに対して笑顔を向けてくれたらどうでしょうか？　あるいは、尊敬するような眼差しを向けてくれたらどうでしょう？　なんだか嬉しくなってきませんか？

そして、自分がなんだか良いものであるように感じられるのではないでしょうか。そして「自分自身が好き」という気持ちになってくるのではないでしょうか。

このように私たちは周りの人たちのリアクションで自分を認識し、「自分自身を好き」になれるかどうかが影響を受けるのです。つまり、「自分自身を好き」と実感するためには、あなたに良いリアクションをしてくれる「いい人間関係」が大切です。

では良い人間関係を作るにはどうしたらいいのでしょうか？　良い人間関係の定義は数知れずあるのですが、ここでは「あなたにいいリアクションをしてくれる人間関係」に限定してお伝えしましょう。

人には「好意の返報性」というシステムが備わっています。このシステムをシンプルに表すと、「自分に好意を示してくれる人には好意を感じる、示してくれない人には好意を失う」と言うことができます。すごく分かりやすくて簡単なシステムですよね。みなさんも、経験があるのではないでしょうか。たとえば、子どものころにあなたをめちゃめちゃ褒めてくれる先生がいたら、こちらも嬉しくなったりしませんでしたか？　その先生を好きになったりしませんでしたか？　これこそがまさに「好意の返報性」なのです。

そして、好意の示し方は褒めるとか好意を表現することだけではありません。人に貢献しよう、人の役に立とうとする姿勢を示すことも好意の一つの表現です。まずは身近であなたの好意を素直に喜んでくれる方に、その方の役に立つこと、喜んでくれることを試みてみましょう。そうすればアドラーが定義した幸せへの要素にぐっと近づくことでしょう。

この章を読み終えていかがだったでしょうか?
「はじめに」でお願いしたこの本の読み方に沿って整理してみると、次のように要約できるでしょう。読み返すときのために、( )にどこに詳しく書かれているか書き込んでおきました。気になったときに読み返してみてください。

【明らかに幸せを阻害するもの】

・(途方に暮れて迷っているときに)安易なアドバイスに盲目的に従うこと(1-1)
・責任を問われること(1-2)
・中毒(1-6)

【明らかに幸せを感じられるもの】

・愛すること(愛着)、働くこと(1-5)
・「生きてる」ことを喜べること(1-11)
・自分自身を好きになる(1-12)
・良い人間関係を持つ(1-12)

【幸せへの道のように見えて実は必ずしもそうではないもの】

・理想主義（1-6）
・急ぐこと（1-8）
・自己啓発（1-9）
・才能を生かすこと（アイデンティティの早期完了）（1-9）
・成功した人の劣化コピーになること（1-9）
・生きる意味や価値を求めること（1-11）

【幸せから遠のくようで実は幸せへの入り口になるもの】

・アドバイスを疑い尽くすこと（1-1）
・テキトー（1-2）
・悲しみ（1-3）
・忘れること（1-4）
・美（価値観）（1-7）
・一人称の文化（1-7）
・（明日できることの）先延ばし（1-8）
・（相手を選んで）悪口を言うこと（1-10）
・人に貢献する（1-12）

さあ、これを参考にあなたの幸せを作り上げましょう。幸せになるためのシンプルなルールに従って、「幸せを阻害するもの」を避けて、「幸せへの道とは限らないもの」には慎重になり、「幸せを感じられること」に積極的になり、「幸せへの入り口になるもの」を大切に扱えば、あなたはどんどん幸せになることでしょう。

ところで、いろんな幸せに関連する要素があることが分かったと思います。すべてがみんなに大事なことではありますが、フロイト、ユング、アドラー、それぞれの名言がどんな人により重要になるのか、ご紹介してこの章を閉めたいと思います。

フロイトの名言は、相対的にやや理屈っぽくて、人に左右されにくい知性を愛する人と相性がいいようです。このタイプの方は自己完結に陥りやすいので、ユングとアドラーの名言でバランスを取りましょう。

ユングの名言は、相対的にセンチメンタルに陥りやすい人と相性が良いようです。脳の働きが「安全と愛着の脳」に偏りやすいので、特にフロイトの名言でバランスを取りましょう。

アドラーの名言は、相対的に人に影響を受けやすい人と相性が良いようです。しかし、アドラーの名言は効果的な「貢献」を見つけ出す「知性」がないと人に振り回されて結果的に不幸になることがあります。特にフロイトの名言でバランスを取れるといいでしょう。

あなたはどのタイプでしたか？　名言を上手に使って、あなたが幸せになることを心から祈っています。

第2章

「やる気」への迷い

今のあなたは何かをしようとしていますか？　それとも、「何かやる気が出ない……」とくすぶっていますか？

私たちはいつでもやる気に満ちてイキイキできるものではありません。特に本当に疲れているときは何をしたいのか想像するエネルギーさえもなくしていることもあります。

それに、やる気に満ちた状態を好む人もいれば、あまり好まない人もいます。実際、やる気がなくても生きられます。粛々と生きる……という生き方も一つの立派な価値観です。

ですが、一つ思い出してほしいことがあります。それは、どんな瞬間も人生の大切な一部だということです。小さな瞬間の積み重ねで私たちの人生は成り立っています。

そして、人が亡くなるときの後悔として最も多いのが、「もっと……しておきたかった」です。人はもうできなくなって初めて、「……できること」の喜びや素晴らしさに気づくことが多いようです。

私もせっかくこの本を読んでくれているあなたに後悔してほしくはありません。もちろん、何をやっても「ヒトカケラの後悔もありません」とはなかなかならないかもしれません。でも、まあまあ納得できるレベルには、「できること」はやり尽くしておいてほしいと願っています。

そこで、この章では「やる気への迷い」をなくす名言をお届けしたいと思います。

実はやる気の作り方は心理学ではすでに答えが出ているテーマです。

心理学の用語なので少し硬い表現になりますが、やる気は、

欲求 × 誘因 × 達成期待

この3つの要素の掛け算で作られています。掛け算なので一つの要素でもゼロになると、やる気はゼロになります。

欲求は「何かが足りない」「何かが欲しい」という熱い想い、私たちの魂とも言える何かから湧き出すものです。

中にはこの世では満たされにくい欲求もありますが、成熟する中で良い意味で「あきらめ」がつきます。この世で満たされない欲求に集中すると苦しくなるだけなので、「あきらめ」ることで楽になるのです。

欲求には個人差があります。生き方に関わるものとしては、注目されること、高く評価されること、尊敬されること、などの人との充実した関わりへの欲求が強い人もいれば、人への関心が薄い人もいます。また、挑戦やこだわりへの追求、未知の探究、空想にふける、など人に邪魔されないことを好む人もいます。

生き方の好みはなかなか変わるものではありませんが、自分が何を好むのか、逆に嫌がるのかを知っておくと幸せの実感もやる気も高まります。

誘因は欲求を満たす何かで、この世の中にあるものです。欲求が誘因に価値を与えます。この世に存在しない誘因を求めても虚しいだけです。ですが、どこかに存在するのであれば誘因がある環境を求めて、あなたのフィールドを変えるのも一つの生き方です。むやみに変えることはリスクにもなり得ますので、可能なら今の環境で誘因を見つけたいですね。

この章で主に扱うのは、3つめの達成期待に関わるところです。これは軟らかく言い換えれば「自分にできること」への確信です。人は「できない」と思うとやる気を失います。「できる」という期待があるからやる気になれるのです。

しかし、この期待を奪ってしまうトラップが現代社会にも、そして人生にもあちこちに配置されています。この章では主にアドラーになりますが、心理療法家の名言でこのトラップを上手にかい潜りましょう。

2-1
人生最大の危険は、用心しすぎることです。

突然ですが、「この先、どうなるかわからない」ときに、あなたならどのようにリアクションしますか？　次の2つから相対的にどちらに近いか、選んでください。

A「なんか、怖いね」と心配する。何が起こるのか見極めてから、可能なら誰かに前例になってもらって安全だと確認できたアクションを取る。

B「なんか、ワクワクするね!!」と、この先に起こることの想像を楽しみながら、次のアクションのアイディアを練って実行する。

さあ、あなたはどちらにより近いでしょうか？

結論から言うと、Aを選んでも、Bを選んでも、どちらでも正解です。AとBの違いは生き方のスタイルの違いです。この先、何が起こるか分からないのですから、どちらを選んでも良い結果も悪い結果も同じくらいの確率であり得るからです。

たとえば日本では遺伝傾向的にAを選ぶ方が多いことが分かっています。概ね、70％弱の方がAを選びやすいとされる遺伝傾向です。あなたはAを選びましたか？　だとしたら、日本人にありがちなタイプということになります。

仮に、あなた自身はBを選んだとしても、周りの方をイメージしてみましょう。Aを選びそうな人、結構な割合で思いつきませんか？

一つの例を挙げると、日本の個人の貯蓄率は極めて高いことが知られています。政府は個人に投資を盛んに促しますが、ほとんどの日本人の耳には届かないようです。バブル期のように「私は儲けました！」「私はもっと儲けました‼」という「前例」がたくさんいた時代ならいざ知らず、なかなか自分自身が「前例」になろうという人はいないようです。

このように日本人にはAのスタイルを行動原理にする人が多いようです。アドラーの言葉に従うと相対的に「用心しすぎる人」、危険に陥りやすい人、ということになるようです。

では、なぜこれが危険なのでしょうか？　実は日本人にAのスタイルを選ぶ人が増えたのには理由があります。日本は世界有数の災害大国なんです。地震は、なんと世界の20％は日本で起きています。台風の通り道で、海は高波に津波、山は土砂崩れや河川の氾濫がまあまあの頻度で起こります。昔のテクノロジーではいつ起こるか分かりません……こんな国で生き残るには、用心しすぎるくらいでちょうどよかったのかもしれません。

ですが、Aのスタイルの人ばかりでは世の中が膠着してしまいます。実は日本人でもBを選びやすい遺伝傾向の方は少なくとも3％程度はいるのです。一つの社会システムが行き詰まった時、Bのスタイルを選べるリーダーが必要です。

日本の歴史を見ても、何かが行き詰まったときには新しい世界を夢見て、次のアクションのアイディアを練るリーダーが登場しましたよね。シンプルにワクワクしていたわけではないにしても、来るべき次の世界に心躍らせていたのではないでしょうか。

翻って、現代社会を考えてみましょう。私たちのご先祖は長く「ムラ」社会、近代化以降は「ムラ」に替わるものだった「カイシャ」に協力する生き方をしてきました。「ムラ」や「カイシャ」が行き詰まったらリーダーが次のイノベーションを導入して、「ムラ」や「カイシャ」を存続させてくれました。だから大多数の人々はAを選ぶほうがより安全に、より確実に生き残ってきました。

しかし、常に次のイノベーションを起こすリーダーがいるとは限りません。リーダーがムラやカイシャの存続に尽くしてくれるとも限りません。

私たちはみんなを導くリーダーではないかもしれませんが、自分自身の人生という「資産」を運用するリーダーです。自分の所属する組織や自分自身の生き方が行き詰まったときに、いつもAのスタイルを選ぶばかりで生き残っていけるでしょうか？

アドラーの言う危険とは、「Aしか選べない」ことで人生が行き詰まってしまうことなのです。もちろん、用心なしもよくありませんが、何事もよく考え尽くしたら用心のしすぎは避けたほうがよいのかもしれません。

2-2

才能というものはありません。プレッシャーがあるだけなのです。

アドラーのこの言葉が教えるもの、それは私たちが「才能の定義」をとても狭く捉え、自分の可能性を自分で狭めているという「勿体ない」事実です。そして、「才能はない」という言葉とは逆説的に、私たちは「才能の塊」であることを実感させてくれるものです。

一見、そのようには見えにくい言葉かもしれません。ですが、この言葉の本当の意味を知ったとき、あなたは今までに出会ったことがないあなたに出会えることでしょう。

さて、突然ですが、あなたは「才能」とは何だと思いますか？ もしかして、「生まれつき人より秀でている能力」「持って生まれた、他の人にはない特別なスキル」のように思っていたでしょうか。

これはある意味で正解です。「天賦の才」とか「天才」という言葉もあります。「天からの授かりもの」という印象があるかもしれません。

また、「人より秀でて」という点は日本では特にそう思われやすいようです。なぜなら、日本の学校では同級生を競争させるからです。これは競争刺激で成長させる育成モデルです。このシステムの中では、「同学年の中で秀でていること」が注目されがちです。さらに、学齢期は人としての訓練期間がまだ短いため、持って生まれた得意、不得意が目立ちやすいですよね。結果的に「生まれつきの」「他の人にはない」「特別なスキル」が才能と定義されやすい環境が私たちの周りにはあります。

この才能の定義は時に私たちのやる気を奪います。子どもは周囲の人の自分へのリアクションから自己概念（自分という定義）を作ります。この定義では同級生の中で秀でていないところは注目されません。そうすると、「人と同じようにできるスキル」が自己概念になりにくいのです。

自己概念にならなかったスキルを生かそうと思える人はいません。つまり、私たちは「やる気」を奪われるのです。

実際のところ、才能の定義はこれでいいのでしょうか？　ここで、一つの事実をご紹介しましょう。

行動遺伝学の研究によると、あなたがアスリート、音楽家、文筆家、数学者にならないのであれば、あなたが必要とするあらゆるスキルへの遺伝子の影響は概ね30％〜50％くらいです。あらゆる勉強も、あらゆる仕事におけるパフォーマンスも、「持って生まれた才能」ですべて決まるわけではないのです。

例外とした分野でも遺伝の影響は80％くらいです。神童と騒がれた若いアスリートが活躍しないまま消えていくことも、反対にどう見てもアスリートとしての遺伝子に恵まれなかった選手が努力と工夫で活躍している場合も少なくないですよね。例外分野でも「まあまあ有利」という程度なのです。

この他にも、私は人材マネジメントの仕事もしていますが、「地頭」、つまり持って生まれた「頭の良さ」や「悪さ」を見極めようとする人材採用担当者も少なくありません。ですが、実際のところ、人間の脳の情報処理能力は極めて高いのです。

得意な処理、苦手な処理の個人差はもちろんありますが、トータルで見た場合、その優劣は誤差のようなものです。相対的に「頭が良い」とされない方であっても、「頭の使い方」さえ身に付ければ頭が良いとされる方と同等の仕事ができるのです。

つまり「持って生まれた」という意味での「才能」は存在しない、または考えるだけ無意味なのです。

では、実際のところ才能とはどのように考えればいいのでしょうか？　それは「できることのすべて」です。私の話で恐縮ですが、子ども時代にサッカーをやりたいと思いました。ですが、親から「走るの苦手でしょう」と言われてあきらめました。

でも、大人になってから友人に誘われてやってみました。相変わらず走るのは苦手で足も遅いのですが、遅くても走れないわけではないのです。遅いなりに走れるのです。

もちろん、ボールの扱いもヘタですが、ヘタなりに「できることは、できる」のです。集中力さえあれば守備もそれなりにできますし、味方へのアシストも、ゴールも決められるのです。

このように人より優れていなくても、もしかしたら人と比べると平均値より下かもしれなくても、「できることは、できる」のです。人よりも優れていないスキルであっても、工夫して活用すれば何かの結果や成果につなげられるのです。

今まで誰も注目してくれなかったとしても、あなたは才能の塊です。どうぞ、あなたの中の才能を見つけてあげてください。

2-3

ある人に合う靴も、別の人には窮屈なものです。万人に対応する人生の秘訣などないのです。

この言葉は前の節（2-2）のアドラーが才能を語った言葉とセットで理解していただけるとさらにあなたの役に立つでしょう。なぜなら、ここでユングが言う靴は、「生き方」のたとえだからです。

突然ですが、あなたは靴にこだわりはありますか？　お気に入りのブランドやデザインにこだわるという積極派の方もいれば、足に合えばいい……という程度の消極派の方もいらっしゃることでしょう。

かく言う私は消極派です。シューズが好きな方には申し訳ないのですが、何万円もするような靴を買うことはありません。

ですが、こんな私にも絶対に譲れないこだわりがあります。それは足に合う靴しか履かない……というこだわりです。

合わない靴を履くのはけっこう辛いものです。靴が小さすぎると足が締め付けられて痛いです。ほんの僅か小さいだけなら多少は平気です。ですが、長く履いているとじわじわと足が痛めつけられて悲惨なことになります。

大きくてもだめです。大きすぎると脱げやすくなってしまいます。脱げない程度に少し大きいくらいなら一時的には楽かもしれません。ですが、スピーディなアクションが必要なときには動きにくくて結果的に私たちを困らせます。

ですから、靴へのこだわりという点で積極派も消極派も、足に合わない靴は履かないでしょう。消極派の私も、ここだけは徹底してこだわっています。

そして、実は靴と生き方はとてもよく似ています。自分に合った靴を履かなければ、何をやってもうまくいきません。

それと同じように、あらゆる人は才能の塊ですが、生き方を工夫しないとせっかくの才能も生きません。そして生かされなかった才能は、ないのと同じです。あなたの生き方は、あなたという才能を生かせる「靴」になっていますか？

私の例で恐縮ですが、私は就職氷河期の1期生です。もう2年、いや1年でも早く就活していたら、就活マーケットが有利な状況だったので企業人になっていたかもしれません。

しかし、就職氷河期が始まったこの時をユングに倣って靴選びにたとえると、新卒採用というマーケットに出ている「靴」がほとんどなくなったようなものです。僅かに残った「合わない靴」を無理に履くしかないのか……と私を含め多くの同級生が途方に暮れました。

ですが、この時に思い出したことがありました。それは、大学1年生の時、地方を電車で一人旅した時のことです。偶然、隣に座った地元の事業主の方がその方なりの成功哲学を語ってくれました。それは、「人がやらないことをやれ」でした。地元でそれなりに成功している方だったので説得力がありました。

就職氷河期で途方に暮れる私は「みんなと同じやり方」で「靴」を探しているようなものでした。そこで、みんなとは違う靴の探し方を考えました。私は高校でも大学でも成績が悪い劣等生でしたが、大学でやってみた研究のマネごとは楽しかったです。これが仕事になれば……と考えました。

当時の私は「才能とは持って生まれた特別な能力」と思い込んでいたので自分に才能があるとは思いませんでしたが、「研究を楽しめる」ことだけは分かりました。中学の担任が語っていた「好きこそものの上手なれ」という言葉も思い出しました。

研究者の世界は競争社会なので、結果は何も約束されていません。でも、合いそうにない靴を無理に履くより、「誰もやらない」「好きかもしれない」靴を履くほうがいいと思いました。そこで、「研究者」を私の職業人生と定めて、今に至っています。

職業としてやってみると、できないと思い込んでいたこともできてしまいました。企業人になっていたら使われなかった才能が生きたようです。どうやら、まあまあ、私に合う靴を選べたようです。

「誰かと同じ靴」は前例が多いのでハズレが少ないかもしれません。でも、時にはあなたに合った靴を探してみると、あなたという才能がイキイキするでしょう。そういう、あなたに出会えますように。

2-4

外側を見る人は夢を見ます。内側を見る人は悟ります。

この言葉、ユング本人は外側を見る人を少々揶揄して、または内側を見る人を少々美化して語ったフシがあります。内向的なところが強いユングは外向的なフロイトとの交流で傷ついたと思われるエピソードも知られているからです。

ユングがずっと悩んできた自分の第2の人格について、フロイトは精神分析（フロイトの思想）に沿った解釈を伝えるばかりでした。悩んできたユングを労ることも、温かい理解を示すこともなかったようです。

そして、このことが後にユングとフロイトが袂を分かつ一因にもなっていたと考えられています。なので、少々「外側を見る人」に批判的なニュアンスが伴うのもやむを得ないのかもしれません。

このようにユング自身の葛藤も感じさせる言葉ではありますが、外側に目を向けたときと、内側に目を向けたときの人の本質を的確に表した言葉でもあります。そして、心の目線のバランスは特に人生の変化があり得るフェーズの方には重要になります。やる気の始まりと持続に影響するからです。

結論から言うと、心の視点が外側に傾きすぎても、内側に傾きすぎても、この世を生き抜くための「やる気」は長続きしません。ここでは、このことについてさらに詳しくご紹介しましょう。

突然ですが「内発的動機づけ」という言葉を聞いたことがあるでしょうか？　１９７０年代に活躍した心理学者にE.Deciさんという方がいます。彼は、学生を対象に次のような実験を行いました。

２つの学生のグループに「30分以内にソマ・パズル（立体パズルの一種）を解く」という課題を与えました。一つのグループには「解けたらインセンティブ（1ドル）がもらえる」という条件でやらせ、もう一つの学生にグループには何もインセンティブをつけずに、ただパズルを解くように指示しました。

その後、学生たちには会場内で自由時間を与えました。自由時間には雑誌『ＴＩＭＥ』などソマ・パズル以外の時間の過ごし方も用意されていました。もちろん、スマホがない時代ですので、自由時間であっても会場にあるもので過ごすしかありません。

さて、学生たちは自由時間をどう過ごしたと思いますか？　今の学生なら自由時間にはスマホで遊ぶと思われますが、Deciさんの実験ではインセンティブがなかったグループのほうが、ソマ・パズルで遊ぶ時間が長かったという結果になりました。

この結果へのDeciさん解釈はこうです。

インセンティブが「ソマ・パズルは面白い!!」という内側から湧いてくるやる気（内発的動機づけ）を阻害したので、インセンティブがあるグループはソマ・パズルで遊ばなかった。インセンティブによって開拓されるやる気（外発的動機づけ）はインセンティブで消える。よって、「内発的動機づけ＞外発的動機づけ」と考えるべきだ、と結論づけました。

さて、少々小難しい話になりましたが、Deci さんの主張について、みなさん納得できたでしょうか？　実際、当時も「報酬を出すとやる気がなくなる!?　そんなバカな!!」と懐疑的に見られました。

実際のところ同じ実験を追試してみた研究では同じ結果にならないこともありました。私たちは Deci さんの研究をどのように受け止めればよいのでしょうか？

再び結論からいうと、その後の研究で、新しいアクションを始めるにも、そして続けるにも外発的動機づけが必要なことが分かりました。

お金など外的なインセンティブがアクションのきっかけになり、そのアクション自体の面白さ（自分にとっての価値）に気づき、それを続けることでさらに外的なインセンティブを獲得できる……というサイクルが重要なのです。

このサイクルを得ることで、私たちは社会と関わり、社会の中で自分らしい居場所と納得の人生を得ることができるのです。

外側ばかり見続けると内面は空虚になります。その空虚さを埋めるために、インセンティブを欲張ります。「もっとお金を……」を夢見るだけの方、あなたの周りにもいませんか？

一方で、心の内面ばかり見続けると、自己完結してしまいます。ご本人の中では心の調和が取れるかもしれませんが、社会との関わりは限定的で時に居場所を失います。

あなたがこの世を生きるには、外側をみて自分のアクションにどんなインセンティブがついてくるのか夢を見ることと、そして、その中で自分がどのように満ち足りるのか悟ること、この両面が必要なのです。

2-5

「やる気がなくなった」のではなく、「変わらない」という決断を自分でしているだけなのです。

たとえば、今、あなたはのどが渇いていると想像してみてください。この状態は体が水分を欲している状態です。

あなたは何をしたくなりますか？　ほとんどの方は、何か飲み物を探すことでしょう。そして、ゴクゴクと飲み物でのどを潤します。

特に暑いときには冷たい飲み物は格別ですよね。体が求めている飲料がのどから食道を通過するとき、まるで体中に水分が行き渡るような爽快な気分になります。

そして、飲み終わったら、心地よい表情とともに「はぁぁぁぁ……っ!!」というホッとしたような清々しい吐息が漏れることでしょう。

ビールが本当にお好きな方は、ビールを飲む前には数時間は飲み物を我慢するとか。何でも、こうするとビールがさらに美味しくなるのだそうです。みなさんの周りにもこういう方がいるのではないかと思います。

さて、なぜ飲み物を我慢するとビールが美味しくなるのでしょうか？ それは、体が水分を求めるからです。体が求めているものを、体内に取り込む……。私たちの体は喜びの信号を私たちの脳に送り届けます。そうすると、私たちの脳は至福の快感に浸り、私たちは一時的なものですが「幸せ」を実感できるのです。

この幸せにはまったビール好きは、大量に汗をかいてもなお水分を取ろうとしません。体が強く水分を求める状態をあえて作り出します。なぜなら、体が水分を強く求めれば求めるほど、ビールを飲んだときの「幸せ」が拡大するからです。

ですが、水分不足が長く続くことは体にいいことではありません。どんなにビールで幸せになりたくても、ほどほどにしておきましょうね。なお、筆者の私はビールではなくハイボールで似たようなことをよくやっているので、人のことは言えませんが……。

さて、このビール好き、ハイボール好きの方々のアクションを心理学的に考えてみましょう。彼らは、体が水分を求める状態、言い換えれば「体が渇きを訴えている状態」を作り出そうとしているのです。心理学ではこの「体が渇きを訴えている状態」を「(水分への)動因に満ちた状態」と考えます。

動因とは、何かが欲しい、または何かが嫌だ、という強い気持ちのことです。言い換えれば、何かを変えたいという強い気持ちです。そして、動因が強ければ強いほど、それが満たされたときの快楽は強くなります。

動因にはビール好きの例の他にも、お腹が空けば「空腹を癒やしたい」、多少グルメな方なら「美味を楽しみたい」、しばらく窮屈な場所から動けなかったときは「自由に動きたい」などがあります。全般的には、相対的に生存本能が関わる動物的な強い欲求だと考えられています。

ここでアドラーの言葉を考えてみましょう。もはや、その意味は一目瞭然かもしれません。そうです、私たちは満たされていると「何かを変えよう」という動因を失うのです。

そして、動因は体に関することだけではありません。たとえば、金銭です。人として生きるためには金銭が必要です。

実は私たちの脳レベルでは、金銭は社会的なファクターではなく、生存に関わるものと認識されます。お金に関しては、脳は食べ物や飲み物と近い反応をするのです。ですから、金銭的な不自由を感じていれば「お金が欲しい」という動因がもたらされます。

また、配偶者や恋人の獲得といった愛欲や性欲も同じです。愛欲・性欲とは、本来は子孫を残すという生物的な目的を持った欲求です。なので「ロマンティックパートナーが欲しい」といった欲求も動因として考えられています。

ちなみに人類学者の多くは、人は愛欲・性欲の動因が満たされる心地よさがクセになった「セックスアニマル」と定義しているようです。セックス産業は最古のビジネスとも言われていますから、ごもっともというところでしょうか。

さて、話を戻しましょう。「やる気がなくなった」とは、あなたが満たされているということ

郵便はがき

切手をお貼りください。

102-0071

東京都千代田区富士見一―二―十一
KAWADAフラッツ一階

さくら舎 行

住所	〒　　都道府県		
フリガナ		年齢	歳
氏名		性別	男　女
TEL	(　　)		
E-Mail			

さくら舎ウェブサイト　www.sakurasha.com

愛読者カード

ご購読ありがとうございました。今後の参考とさせていただきますので、ご協力をお願いいたします。また、新刊案内等をお送りさせていただくことがあります。

【1】本のタイトルをお書きください。

【2】この本を何でお知りになりましたか。

1.書店で実物を見て　2.新聞広告（　　　　新聞）
3.書評で（　　　）　4.図書館・図書室で　5.人にすすめられて
6.インターネット　7.その他（　　　　）

【3】お買い求めになった理由をお聞かせください。

1.タイトルにひかれて　2.テーマやジャンルに興味があるので
3.著者が好きだから　4.カバーデザインがよかったから
5.その他（　　　　）

【4】お買い求めの店名を教えてください。

【5】本書についてのご意見、ご感想をお聞かせください。

●ご記入のご感想を、広告等、本のPRに使わせていただいてもよろしいですか。
□に✓をご記入ください。　□ 実名で可　□ 匿名で可　□ 不可

とかもしれません。「変わらなくていい」と、あなたの中の生存本能が訴えているのです。

であれば無理にやる気を出すことも無理に変わる必要もありません。これはこれで、一つのいい状態なのかもしれません。

2-6

死がなければ、真の進歩はありえません。

突然、「死」などという言葉が出てくるとちょっと重たいかもしれませんね。ですが、ご安心ください、ここで言う死はアドラー一流のたとえです。ですが、あなたが「やる気」を出したいのであれば、少し真剣にこの言葉を受け止めましょう。

なぜなら、この言葉には私たちを「原始的な哺乳類」から、「人類」へと進化させる秘密が詰まっているからです。

こう言うとなんだか難しいでしょうか？　でも大丈夫です。前の節の動因の話とつなげて説明しましょう。

前の節の繰り返しになりますが、まず、動因という生存本能に関わる欲求があります。これが満たされているとき、私たちの生存本能は私たちに「変わらなくていい」と働きかけます。これはこれでいい状態です。この状態を楽しみましょう。

ただ、私たちは動物的な生存本能だけで生きていけるわけではありません。人として進化してきた中で、人としての本能も身につけています。

その本能とは「尊敬されたい」「尊重されたい」という本能と、「〝自分〟という納得できる物語を持ちたい」という本能です。

これらの本能は実はちょっとややこしいです。自分だけでは満たせないからです。たとえば、尊敬や尊重を得るには、社会が価値を見出してくれる行いが必要です。また、自分という物語の舞台も必然的に社会です。

つまり、人としての本能は社会との相互作用の中で満たされていくのです。逆に言うと、社会との相互作用がうまくいかないとなかなか満たされないのです。

そして、少し厄介に感じるかもしれませんが、満たされないとちょっとしんどいです。ご先祖が類人猿に、そして人類に進化した中で身につけた脳は、「尊敬、尊重、自分の物語」が得られないと「虚しさ」という苦痛を私たちに与えます。人としての本能は社会が関わるので、満足させるには、めんどくさいことも伴うのです。

進化が苦痛を与える？　進化って、より良くなることだと思われがちですが、実は違うんです。進化してしまったから、感じてしまう痛みもあるのです。

一方で、動因はもっとシンプルに満たされます。ビール好きの方のように水分摂取をちょっと我慢して動因を高めれば、満足感を何倍も高めることができます。動因だけで十分……そう思う方もいるかもしれません。

実際、動因が満たされる満足感は、一時的に虚しさを忘れさせてくれます。そこで、虚しさから逃げるかのように、動因を満たすことに一生懸命になる方もいます。

私は「動因系の娯楽」と呼んでいますが、お酒やタバコなどのドラッグ、過剰な炭水化物の摂取、キャバクラやホストクラブなどの刹那的な社交の場、生存本能や物欲を刺激するゲームやホビー、ギャンブル、出会い系サービスやセックス産業……。これらにはまっている方、あなたの周りにいませんか？

良識の範囲内でこれらに酔いしれるのは良いことです。実際、これはこれで一つの幸せです。ただ、人としての本能を満たすことを放棄してはいけません。一時的に虚しさから逃げても、私たちの人としての本能は捨てられないからです。

実は動因を満たすにはそれなりに体力も必要で、健康にも悪いことがあります。なので、中高年になると限界に至る方もいます。そうすると、否応なく虚しさから逃げきれなくなります……。

私はカウンセリングでこのような中高年の方と向き合っています。彼らは本当に苦しそうです。虚しさを持て余して怒るか、泣くか……。

こうならないためには何が必要なのでしょうか？　答えは一つ、虚しさから逃げずに向き合えばいいのです。言葉を換えると、私たちの中の「原始的な哺乳類」には一時的に「死」を与えて、「人類」を起動すればいいのです。

私たちの中の「人類」が求める満足は、なかなか得られないことが多いです。実際、私自身も失敗と挫折の連続です。尊敬どころか非難と軽蔑を浴び続けた時代もあります。

ですが、あきらめないでください。あなたの中の「人類」は進化に成功したご先祖からの贈り物です。あなたも成功できます。

次からはその秘訣を紹介します。絶対にあきらめないでください。

2-7

大切なのは、何が与えられているかではなく、与えられたものをどう使うかです。

さあ、この節からはあなたが「人類」として成功するための秘訣をご紹介していきましょう。まずは、アドラーのこの言葉からです。

この言葉、実は「やる気」の取説の核をなすものです。ある意味で、「やる気」の真理を捉えた言葉と言ってよいでしょう。なぜなら、あらゆるアクションは「与えられているもの」の範囲内でしかできないからです。

これは、当たり前のことのように見えるかもしれません。しかし、アドラーがわざわざこのように言い残しているのには理由があります。それは、この「当たり前」のことが意外と難しいことになり得るのです。

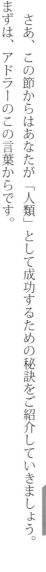

このことはスポーツでたとえると分かりやすいでしょう。

たとえば、バレーボール。背が高い選手は相手コートにボールを叩き込むアタック、逆に相手ボールを弾き返すブロックなどの「空中戦」でとても有利です。背が低い選手が同じようにプレーしても、チームに同じような貢献はできません。

ですが、背が高い選手にはできないプレーもあります。背が低い選手は重心が低いので、当然ながら低い位置のボールを拾うことができます。背が高い選手には低い位置のボールのレシーブは難しいです。しかし、背が低い選手なら、それをいとも簡単にこなすことができます。

また、小柄であるということは小さな動作で方向転換ができるということです。背が高い選手よりもタイムロスが少ない方向転換ができるので、いわゆるアジリティ（機敏性）が高い動きができます。これも、ボールが地面につくかつかないかの「0・01秒の勝負」になりがちなレシーブでは有利です。

背が低い選手には、背が低いからこそできるプレーがあるのです。文字通り、「与えられているもの」を効果的に生かして活躍しているいい例と言えるでしょう。

ただ、一つ問題があります。それは華やかさです。バレーボールと言えば、豪快なアタック、剛健なブロックの攻防が織りなすファンタスティックな空中戦が文字通りの華形スポーツです。バレーボールファンの多くは空中戦に心躍らせてワクワクするのです。実際、バレーボールのスター選手と言えば、男女を問わずほぼアタッカーです。

小柄で背の低い選手は、チームをピンチから救ったり、スター選手のアタックをお膳立てしたりとチームへの貢献はスター選手と変わりません。しかし、サイズの関係で空中戦の見せ場にはほとんど参加できません。彼らが活躍する地味な地上戦では見せ場感が乏しく、彼らが華やかなスターになるチャンスはあまりないのです。

ここで次の問題が起こります。私たち人間は「妬む」動物です。特に華やかに輝いている人は妬みたくなります。実際のところ、妬み合いは何も生まないのである意味では無益な感情です。しかし、私たち人類は誰かが光り輝いていると妬んでしまうように作られているのです。

たとえば、小柄な選手が最高の技術を持っていて小学生時代はチームの絶対的なエースだったとしましょう。練習も誰よりも頑張っているのに、背が伸びた選手がどんどん空中戦のエースとして華やかなポジションを持っていきました。

自分が受けるはずだった尊敬と尊重、そしてエースとしての物語を〝背が伸びただけの選手〟に持っていかれたとしたら……、あなただったら心をかき乱されるのではないでしょうか？

それが、旧知のチームメイトのように自分を重ねられるような立場が近い人であればなおさらです。ですが、どんなに妬んでも、羨んでも、自分にないものはないのです。小柄な選手が背の高いスター選手を妬むより、自分の身長や技術でどのようにチームに貢献できるかを考えたほうが、ずっと生産的なのです。

アドラーの一見当たり前に見えるこの言葉、なぜ難しいのか、もうお分かりですね。私たちは自分にないものを欲しがり、持っている人を妬み、このことで自分自身を生かせなくなるのです。さあ、自分にあるものに集中しましょう。あなたは、本当は才能の塊なのですから。

2-8

生まれ変わる必要はありません。感情の使い方を変えればいいのです。

この言葉は、前の節と合わせて考えてみましょう。小柄なバレーボールの選手は、「ゲームの華」を持っていく背の高い選手をついつい妬んでしまうことでしょう。

バレーボールに関しては自分のほうが技術は上で、小学生時代は自分がエースだったのです。チームメイトは背が伸びただけで「自分のものだった尊敬、尊重、チームのエースとしての物語」、そう、人としての本能が喜ぶすべてを自分から奪っていってしまったのです。

あなたがこのような立場になったらどのような感情を体験するでしょうか？　前の節では「羨む」「妬む」をご紹介しましたが、これ以外にもあることでしょう。

奪われたことに注目すると「許せない」という気持ちにもなりそうですし、人としての本能が喜ぶすべてを失ったことに注目すると、「虚しさ」という苦痛も経験しそうです。

一つの現実としてバレーボールでは、身長の違いでできるプレーが変わります。「背が伸びていれば……」、選手であれば切実にそう願うことでしょう。そして、「背が高く生まれ変われていれば……」とも願うかもしれません。

かく言う私も似たような経験があります。私はお陰様で心理学研究者をやらせてもらっていますが、研究者をたくさん輩出するような有名大学の出身ではありません。

この業界は、若手の間はその業界で活躍する人を多く出している大学の出身者がチャンスを得やすい現実がありました。私にはなかなかチャンスが回ってきません……。

そんな中、有名大学出身の同年代の友人知人はチャンスに恵まれ実績をあげてどんどんポジションアップしていきます。そんな彼らを見上げる中、「自分も有名大学を出ていれば……」と何度も彼らを妬み、出身大学の重みを理解していなかったかつての私を呪いました。

ですが、生まれ変わらなければ私の履歴書の出身大学は変わりません。途方に暮れるしかありませんでした。

もしかしたら、あなたも小柄なバレーボール選手や私のような経験があるかもしれませんね。そんなとき、何を思いましたか？　誰かを羨んだり、妬んだり、自分を呪ったり、虚しくなったり、途方に暮れたり……、あなたもこのような気持ちを経験したことがあるのではないでしょうか。

大事なのは、こんな思いを積み重ねて悩み苦しんでも時間の無駄だということです。この人生の中で生まれ変わることは不可能です。できないことを願っても、「できないことは、できない」のです。

ただ、「できないことは、できない」を逆に言うと、「できることは、できる」のです。小柄なバレーボール選手はチームのピンチを救うレシーブの名人になれます。エースを支えることで、エースに感謝され尊敬されることだって可能です。私も有名大学出身の友人知人が目を向けないチャンスを生かして、お陰様でそれなりに成果を出させてもらっています。

「できることは、できる」のに、苦しむだけ無駄なのに、なぜ私たちは自分にないものに心を奪われて妬みや呪いや虚しさに悩まされるのでしょうか？　この問いへの答えがまさにアドラーの言葉なのです。

私たちの多くは感情の使い方を間違えているのです。そして、感情の使い方を変えたら、まるで生まれ変わったかのように世界の見え方が違ってくるのです。

本来、感情は私たちに何かを教える信号です。言い換えれば、「情報」なのです。これは元々はフロイトの考察ですが、現代では科学的に支持されている事実です。

そして、感情が教える「新しい情報」に目を向けると、新しい何かが見えてきます。そう、感情が新しい世界と、新しいあなたを教えてくれるのです。

もちろん、感情は「体験」でもあります。私たちは感情をついつい「体験」に留めてしまいがちですが、私たちが感情を獲得した本来の目的は、感情によって自分が置かれている事態を正しく認識して、正しい対応をすることです。

感情を情報として使う方法は次節以降で詳しく紹介したいと思いますが、感情の使い方を変えて、「生まれ変わった」ような新しい世界と、あなた自身を発見しましょう。

2-9

目標がある限り、劣等感があるのは当然のことでしょう。

この言葉の解説の前に、確実に楽になれる方法を一つお伝えします。それは、あきらめることです。すべての目標を捨ててしまえば、そして、今のあるがままを受け入れて生きられたら、私たちは楽になれるのです。

ですが、私たちはそう簡単にはあきらめられません。「自分」という人として生まれてきたのですから、「自分」という人生を作りたいし、送りたいですよね。この気持ちが「目標」になります。ですが、目標通りに物事が進まないこともあります。そんなときに私たちは劣等感にさいなまれることになります。

たとえば、東京の都心部には多くの大学があります。そして、自分が通う大学と同じ沿線の隣の駅に自分が落ちた大学があるという学生さんもいます。その学生さんは毎日、自分が落ちた大学に通う学生たちと同じ電車に乗り、落ちた大学の最寄り駅で降りていく学生たちを見送ることになります。

もし、あなたがこの学生さんだったらどのような気持ちになるでしょうか？　仮に私がこの学生さんだったら、劣等感を持ってしまう気がします。通学の電車の中には、目標が叶わなかった私がいて、私が達成できなかった目標を叶えた学生さんがいて……、ついつい比べてしまいますよね。

劣等感は苦しいものです。私たちは、自分が誰かより劣っていると感じることで、心の痛みを体験するように作られています。

なので、ほとんどの人が劣等感を与えられる場や人を避けるようです。たとえば、同窓会に誘われても絶対に参加しない方。同期と顔を合わせることで、ついつい比較してしまって劣等感に苦しみそうなので参加しない……というパターンもあるようです。

私の例で恐縮ですが、実は私自身も劣等感で人に会うのが嫌だった時期があります。学者さんになるには大学院で研究者としてのトレーニングを受ける必要があります。私はカウンセラーも兼ねているので、それなりに働きながら大学院に通いましたが、若手のカウンセラーの稼ぎなどたかが知れています。学費もかかりますので手元に残るお金はごく僅かです。

一方で、高校や大学の同級生はすでに仕事についていて〝稼いで〟います。お金のかけ方のスケールが私と一桁違うのです。一緒に食事に行くなどすると、安いものを食べようとする私と金額など気にもせず旨いものを食べようとする友人たち……。惨めな気持ちになりました。同級生たちには、その後10年は会いませんでした。

このように、私たちは劣等感を嫌がり、劣等感を避けるように作られているのです。

ですが、アドラーによると劣等感は「当然」のごとくあってもいいのです。いえ、むしろあるべきなのです。劣等感は苦痛なのに、なぜ、あるべきなのでしょうか?

それは、劣等感があるということは、アドラーの言葉通り「目標」があるということだからです。つまり、あなたの中に「あきらめない心」があるということなのです。

目標があって、あきらめない心がまだあるのであれば、人は行動できます。前節のアドラーの言葉のように感情の使い方を変えればいいのです。

たとえば、例の学生さん、落ちた大学に入りたかった理由があるはずです。仮に将来の高年収がその理由だとしたら、落ちた大学に入った場合より高年収が得られるように行動すればいいのです。そうすれば、落ちた大学の学生に劣等感を感じる必要はなくなりますし、何より本当の目標がもっと高いレベルで達成できます。

同級生に劣等感を持った私も、ただ劣等感を避けたくて同級生を避けていたわけではありません。心理学者として同級生たちと同等かそれ以上の経済力を持つために私なりに努力を重ねてきました。

つまり、劣等感という苦痛は避けるべきものではなく、目標に向かって行動するための起爆剤なのです。劣等感と向き合えば、あなたの本当の目標が見えてきます。一時的に落ち込むかもしれませんが、「落ち込む勇気」を持って劣等感と向き合いましょう。

2-10

自分の人生を決定するのは「いま、ここ」を生きているあなたです。

このアドラーの言葉は、決して忘れてはならない言葉の一つです。結論から言えば、「いま、ここ」であなたが何をするかで、あなたの未来は変わります。

あなたが人生をより良くしようと本気で願えば、より良くすることもできます。ここで言う本気で願うとは、「常に願いを想い続け、願いを実現するために正しい行いを探り続ける」という意味ですが、本気で願えば意外とチャンスは広がるものです。

まず、願いを想い続けていれば、それを実現するチャンスを見逃しません。たとえば、これまでにご紹介した小柄なバレーボール選手、彼が「背が伸びなかった。自分はバレーボールの選手としては不利な運命に生まれた」とあきらめてしまい、「バレーボール選手としてもうダメだ」と悲観して、願いを手放してしまったとしましょう。すると、彼はバレーボールをやめて別の人生を歩むでしょう。

良くも悪くも、この決断が彼のこの先の人生を変えてしまいます。仮に、彼がバレーボール選手という「アスリートの自分」をあきらめずにチームを助けられるプレーを追求していけば、

「小柄であることが逆に強みになる」という「チャンス」に気づけたでしょう。ピンチからチームを救う名レシーバーになれたかもしれません。エースのアタックをお膳立てするチームの心臓としてエースにも尊敬され、監督にも一目置かれる名選手になったかもしれません。

ですが、望んだ通りのエースでなくなったことで「バレーボール選手としての運命はなかった」とあきらめてやめてしまったら、小柄な名レシーバーも名選手もこの世に存在しません。別の彼の人生が展開します。

別の人生も幸せなものになるのかもしれません。しかし、運命に関係なく、彼の決断で名レシーバー、名選手としての彼は永遠に失われるのです。

私たちには、たしかに「できないこと」はたくさんあります。たとえば、今の私が世界的な競技会で活躍するアスリートを目指しても「できないこと」が一つ確認されるだけです。「できないことは、できない」と現実を受け止める必要があります。そして、この「〝できない〟という現実」も、「いま、ここ」の一部です。

「〝できない〟という現実」と同じように、「〝できることがある〟という現実」も「いま、ここ」の一部です。

極端な例かもしれませんが、事故や病気で寝たきりの方がＰＣやネットワークを駆使してほぼ独力で起業し、社長として活躍しているという本当の話もあるのです。仮に寝たきりであっても、「できることは、できる」のです。

もしあなたが「できないこと」に注目しているのであれば、「できること」は目に入らなくなるでしょう。なぜなら、人間の心の容量には限りがあるからです。

その容量が「できないこと」に占められてしまうなら、どうなるか、もうおわかりですよね。あなたの心の中から「できること」が消えてしまうのです。

アドラー的に最悪と言える態度は、「こんなふうに生まれてしまった」と勝手に限界を決めて、「運命だ」などと悟ったかのような幻想に浸ることです。

悟った気になると一貫性に喜びを感じる報酬系の脳のネットワークが機能して、ホッとしたような、なんだか満たされたような心地よさを私たちにもたらします。

この心地よさがクセになると、「悟り依存症（中毒）」のような状態になります。第1章の話になりますが、依存症はユングも絶対にダメだと言っていましたね。

ここまでご紹介したように、私たちは誰かを羨ましがる必要はありません。また自分にないものを悔やむ必要もありません。そして、今の自分を否定して「生まれ変われたら……」などと考える必要もありません。

アドラーに言わせれば、そんなことをしても何も生まれません。

「いま、ここ」にあるのは、「〝できることがある〟という現実」です。この現実は本物です。

あなたは、その現実をつかみ行動するだけでいいのです。

そして、あなたのアクションが少し先の未来の「いま、ここ」を少しだけ変えます。少し先の未来のアクションが、さらに少し先の未来の「いま、ここ」をさらに少し変えるのです。

この積み重ねで、あなたの未来は大きく変わります。あなたの人生を決定するのは、「いま、ここ」のあなた自身なのです。未来は、あなたの手の中にあるのです。

2-11

行動を信じましょう。言葉ではなく出来事レベルで、人生は展開するのです。

突然ですが、「元気があれば、何でも出来る!!」というキメ台詞、どなたのお言葉かご存知でしょうか？　国会議員としても活躍した往年の名レスラー、アントニオ猪木氏のお言葉です。

このお言葉、これはこれで多くの人に勇気を与えてきたのですが、カウンセリング的には順番が逆であることがよく知られています。それは、「何かが出来ると、元気が出てくる!!」なのです。この節では、１００万の言葉を重ねることよりも、アドラーの言葉を手がかりに「とにかく行動する」ことが大事であることをご紹介したいと思います。

まず、もしあなたが行動する元気がなかったとしたら、騙されたと思ってなんでも良いので行動してください。片付けや掃除など「いつものアクション」でもいいのですが、タンスの裏のホコリ取りやいつもは通らない道を通ってみる……など普段やらないアクションならなおいいです。

行動すると何が起こるでしょうか？　まず、30秒もやっていると脳が作業興奮という状態になって活性化します。脳が活性化すると元気が出てくるのです。

そして、普段と違うアクションなら脳は普段と違う刺激を受けます。心と脳はもともと環境の変化をキャッチするために進化したものなので、いつも違う刺激を多少でも受けると、それも脳を活性化する材料になるのです。

また、行動するとその結果が残ります。片付けや掃除であれば、あなたの住環境が良くなります。いつもは通らない道を通ってみると、そこに新しい発見があるかもしれません。たとえば、これまで気づかなかったカフェなんかを見つけられるかもしれません。「今度行ってみよう！」など、次のアクションプランができればあなたの日常に彩りが増すことでしょう。

このように「とにかく行動して元気を出そう！」という方法、カウンセリングでは「行動活性化」と呼ばれる一つのテクニックにもなっているのです。このテクニックは、うつ病に陥るほど元気をなくしている方にも効果があることが知られています。うつ病に至るほど元気を失っていない方であれば、その効果はもっと絶大です。元気がない……と感じているときには、どうぞ試してみてください。

そして、ここからがアドラーが私たちに伝えたかったことの本質になりますが、「何かをすれば、何かが変わる!!」と覚えておいてください。この世は人々のアクションの連鎖で成り立っているからです。

たとえば「情けは人のためならず」という言葉をご存知でしょうか？　この言葉は「人に対

して情けを掛けておけば、巡り巡って自分に良い報いが返ってくる（文化庁月報平成24年3月号）」という意味です。つまり、自分のアクションが結果的に、自分が困ったときに自分を助けるのです。

この言葉の意味するところをもう少し深掘りすると、たとえばあなたのアクションが「情け」に満ちていれば、あなたの周りもあなたに対して「情け」に満ちたリアクションをしてくれるということです。つまり、あなたのアクションであなたの人間関係をはじめとした生活環境を変えることもできるのです。

心理療法家の名言を紹介する本で「100万の言葉より行動することです！」とお伝えするのも変ですが、行動することで何かが変わることは事実なのです。そして、何かの出来事が起こるのです。

アドラーの言うように、言葉だけでは出来事は起こりません。言葉は出来事のきっかけになるかもしれません。たとえば、意中の人に愛の言葉をささやくことで、「愛の出来事（love affair）」が起こるかもしれません。

しかし、アクションに移さなかったとしたら、愛の言葉だけでは何の出来事にもなりません。さあ、もうお分かりですね。大事なのは行動することなのです。え、行動が大事なことは分かったけど、どう行動すればよいのか分からないって……？ もちろん、そういうときもありますよね。次の節からは、そんなときに役立つアドラーの名言を紹介しましょう。

2-12

強く見せる努力は止めて、強くなる努力をすべきでしょう。

突然ですが、年配の男性に多いとされる、あまり周りに喜ばれない行いをご存知ですか？それは「武勇伝」を長々と語ることです。

武勇伝とは、本来の意味は「優れた武人の勇ましい活躍の伝説」のことです。そこから転じて、「勇ましい手柄話」となり、今では社会的に評価される功績や実績にまで幅広く使われているようです。

武勇伝を長々と語る人の多くは、その武勇伝から特に若い方々に何かを学んでもらおうという名目で語ることが多いようです。確かに、「成功例」ですから、そのお話の中に成功の秘訣のようなものもあるかもしれません。

でも、たとえば、１９９０年前後のいわゆる「バブル期」の成功例を語られても、全く違う環境での話なので、これから先の成功の秘訣のようなものは見出しにくいでしょう。

このような場合、若い方は対応の仕方にとまどうかもしれません。年配の男性はそれなりの社会的地位がある場合もありますし、日本では経験豊富な年長者をたてる文化がまだあります。

若い方は武勇伝を聞かされても嫌な顔ができないことが多いでしょう。

多くの場合、「貴重なお話をしてくださいまして、感謝いたします」という社交辞令を返すことになるのではないでしょうか？　年長者に「そのお話、これからの時代にも役立ちますか？」と面と向かっては言えませんものね。

さて、武勇伝を語るのがお好きな方には申し訳ないのですが、私には多くの場合彼らが何かを学んでもらおうという意図では語っていないような印象を受けます。

「すごいですね!!」とか、「そんなに立派なご実績を……!!」と褒め称えてほしいだけなのでは、と思えてなりません。

私たちは褒め称えられると気持ちよくなります。社会心理学では「自己高揚感」として研究されている現象です。

自己高揚感はある意味で劣等感とは真逆の心理です。劣等感は苦痛を与えますが、自己高揚感は快楽を与えるからです。この気持ちよさにはまると、武勇伝を繰り返し語ることになるようです。

自己高揚感で劣等感をかき消すことができた場合は、苦痛から解放されればされるだけ、なおさらはまることでしょう。

なお、年配の男性の名誉のために付け足しますと、若い男性にも自己高揚感を求める人はもちろんいます。武勇伝を語る機会が多い先輩とかいませんでしたか？

もちろん、女性にも自己高揚感はありますし、武勇伝じみたことを語る方もいます。また、何かすごいことをしたという実績だけでなく、「誰々を、何々にアサインした」などの「人を転がした」実績をアピールするタイプの方もいるようです。

その他、自信がなくて心細い方の場合は、武勇伝に対して期待通りのリアクションがないと怒り出す方もいます。

さて、武勇伝を語りたがる方々についてお話しさせていただきましたが、彼らがやっていることは「自分を大きく見せる行為」です。アドラーの言葉で言うと「自分を強く見せる努力」ととても近いものです。

ここまでの武勇伝を語る人々のお話を聞いて、あなたはこの行為に、何かの意味を見いだせたでしょうか？

御本人が自己高揚感で気持ちよくなることの他には意味を見いだしにくかったのではないかと思います。言葉が悪いかもしれませんが、生産性のない行為です。

アドラーが自分を強く大きく見せる行為を「止めて」というのは、このような理由からなのです。

一方で自分を本当に強くする努力は違います。自分を磨く行為は自分に蓄積されます。たとえば筋力を高めたり健康寿命を延ばす日々のちょっとした努力も自分の5年後、10年後の変化となります。

社会的に評価される事柄であれば、その実績が積み重なりあなたの履歴書や職務経歴書にも反映されるでしょう。

本当に自分を強くする努力や実績は、長々とした武勇伝でなければ、機会があったら語ることであなたの実力を知ってもらえます。あなたがどのように人の役に立てるかを理解してもらえるきっかけにもなります。過去の栄光ではなく、これからの栄光に目を向けましょう。

「やる気」をテーマにしたこの章、いかがだったでしょうか？

エネルギッシュでやる気に満ちた状態を好む方もいれば、程々のやる気で粛々と生きるという生き方を好む方もいます。

ですが、どんな瞬間も人生の大切な一部です。瞬間の積み重ねが私たちの人生です。そして、人生は「ストックできない資産」なので、刻一刻と「消費」されていきます。

こう思うと、無駄にはしたくないですよね。もちろん、「無駄にはできない!!」と焦ったり、力む必要はありません。

「焦り」も「力み」も、私たちに自分を見失わせるものなのです。自分を見失って闇雲なアクションを積み重ねても、あなたの人生を生きたことにはならないでしょう。

大事なことは
「自分にできること」

「自分にできないこと」と「自分がすべきでないこと」

を正しく理解しておくことです。

そのためには、まずは「〝できる〟という期待を奪ってしまうトラップ」を見つけて避けることが重要です。

そして、できるという期待は「自分の定義」と「世界の定義（誘因）」で維持されるので、効果的な定義を習慣にすることも重要です。

そこで、第2章のポイントをトラップ、自分の定義、世界の定義に整理しておきましょう。

【"できる"という期待を奪ってしまうトラップ】

・用心しすぎて結果が確実で無難なアクションばかりを選んでしまうこと（2-1）
・「遺伝（持って生まれたもの）」で自分を定義してしまうこと（2-2）
・動物的動因が満たされているとき（アクションが起こりにくい）（2-5）
・自分にないものを羨んで妬むこと（2-7）
・劣等感という苦痛から逃げ続けること（2-9）
・「運命」に身を委ねる「悟り依存症（中毒）」は絶対にダメ（2-10）

【"できる"という期待を維持する自分の定義】

・「才能」はできることのすべてであると確信を持つこと（2-2）
・外的な報酬を求める気持ちと、アクションの自分にとっての価値のバランスを取ること（2-4）
・時には動物的な動因に基づく快楽に溺れることも悪くない（2-5、2-6）
・一方で、時には刹那的な快楽を消費する「動物」に死を与え、「尊敬と尊重、自分の物語」を求める人類を起動せよ（2-6）

・自分にないものより、自分にあるもの、自分にできることに集中しよう（2−7）
・感情の使い方を変えれば、生まれ変わったように世界が変わる（2−8）
・劣等感という苦痛は避けるものではなく、目標を教えてくれるもの（2−9）
・過去の栄光（実績）ではなく、これからの栄光（蓄積や実績）に目を向けましょう（2−12）

【〝できる〟という期待を維持する世界の定義】

・結果が不確実な未来はワクワクするべきことである（2−1）
・「みんなと同じ」ことだけするのではなく、「人がやらないこと」にも注目すること（2−3）
・「いま、ここ」のアクションが、自分の未来を変える（2−10）
・行動すればなにかが変わる!!　生活環境もより良く変えられる（2−11）

これらのポイントをあなたの心の習慣にしてください。時には大きなダメージを受けてやる気を見失ってしまったとしても、これらの心の習慣があなたのやる気を不死鳥のように蘇らせてくれることでしょう。

あなたが「やる気への迷い」から解放されますように!!

第3章

「自己肯定感」への迷い

最近、いかがですか？　心はいつも晴れ晴れとしているでしょうか？

私も、願わくば、常に晴れ晴れとした気持ちで日々を過ごしたいところです。

ただ、なかなかそうはいかないものです。なんだかモヤモヤしたり、「これでいいのかなあ……」と頭の中に暗雲がかかったような感じになったりすることはないでしょうか。時には無性にムシャクシャするようなこともあるかもしれません。

ところで、この章は自己肯定感をテーマにしています。その中でモヤモヤ、ムシャクシャといった感情の話から始めると不思議に思われるかもしれませんね。でも、自己肯定感をいい状態に保つには必要なことなのです。

なぜなら、感情を理解することで、心理療法家たちの自己肯定感をより良くする名言の意味がもっとよく分かるからです。いま少し、感情のお話にお付き合いくださいね。

さて、私たちは人間ですので、心地よい感情も、心地悪い感情も、日々さまざまに経験します。感情があることが良いことなのか、悪いことなのか、このことの評価は価値観や状況で分かれるようです。

たとえば、カウンセリングにいらっしゃる方々は、ご自身の心地悪い感情を持て余しておいでです。中には「感情なんかなければ、こんなに苦しまないのに!!」とご自身の感情を呪う方もいらっしゃいます。

一方で、何かを成し遂げた方、たとえば高齢者になってスポーツに目覚めて大会に出場する、それだけでなく何らかの賞もいただいてしまう……なんていう方は違います。自身の心地よい感情を楽しんでいます。言葉を換えれば、自身のあらゆる感情を祝福しているかのような印象です。

いったい、感情って何なのでしょう？

この章は、この問いへの心理療法家たちの答えとなる名言を集めました。実は心理学的には私たちが何のために感情を獲得したか、ほぼ明らかにされています。

それは、周りの状況にあわせてより良い行動をするためです。実はいま考えられている最古の感情は恐怖です。恐怖は周りに捕食者などの脅威が潜んでいるリスクのセンサーです。

たとえば、魚やカエルなどの原始的な生き物は、自分よりずっと大きい動物の気配を感じると「食われるリスク」を感じて逃げ出します。このときに伴う感情が恐怖です。

逆に自分よりずっと小さい動物の気配を感じるとエサと認識して「パクリ」と食します。このときに伴う感情が喜びです。

感情とは何か、お分かりいただけたでしょうか。周りの状況の中で、「自分が今、どういう事態に置かれているか」を認識するシステムが感情なのです。つまり、私たちの感情の本質は「自分の状態」に紐づいたものなのです。

そして人間は社会的な存在なので、「捕食者がいる、エサがいる」といったことだけでなく、「社会の中で、自分はどういう状態にいるのか」を知ることが大事です。もっと言うと、少なくとも現代社会で都市生活をしている限りにおいては、捕食者に狙われるリスクも、食料が得られないリスクもとても小さいものになっています。

つまり、「社会の中での自分の状態」を「脳がどう捉えたか」によって私たちの感情が変わるのです。これらの感情はすべて自己肯定感へと反映されます。

自己肯定感をテーマにした本が、巷にあふれているようですね。ただ、多くはこのような感情の本質を捉えていないようです。

ですが、この章は違います。私たちは感情の本質を鋭く捉えた心理療法家の名言から、自己肯定感の本質を知ることができます。この章を読み込み、自己肯定感を最適な状態に保ちましょう。

3-1
真っ当な方を連れてきてください。私がその方を治療してあげましょう。

ユングのこの言葉、あなたが「真っ当な誰か」の影響で自己肯定感を傷つけられそうなときに思い出してください。なぜなら、「真っ当なフリ」をしている人ほど、偽善者であり、心の闇が深く、ある意味で狂気に満ちた方だからです。そんな方に、あなたの大切な自己肯定感を傷つけられるなんて……もったいない限りです。

ある意味で、真っ当なフリをしている偽善者は詐欺師のようなものなのです。偽善者、詐欺師……なんだか刺激的な言葉を並べてしまいました。なぜ私がここまで「真っ当な方」を悪く言うのか、疑問に思われるかもしれません。これには次のような理由があります。

その理由とは、この世に揺るぎない「真っ当」など存在しないからです。たとえば、真っ当に近いものとして「正論」というものがあります。

人の世では一つの正論が常に正しいわけではありません。立場や状況が変われば、正論は変わります。みんなが幸せになる最適解は常に考え続けなければならないのです。

ですが、「真っ当なフリ」をしている人ほど、自分の「真っ当」に変な自信を持っています。

悪い意味でゆるぎません。「真っ当」が単なる「一方的」になっているのですが、それに全く気づかないのです。

実は、働く人のカウンセリングの文脈では「ロジハラ」なる問題が多発しています。「ロジハラ」とは「ロジカル・ハラスメント」の略です。一方的な「正論」で相手を追い詰める行為を指します。

正論で追い詰めているのですから本人は善い行いをしているつもりです。善人のつもりです。ですが、一方的な正論で相手の立場からの正論を粉砕しているだけなのです。そして正論を粉砕された方は、自分の立場を蔑ろにされたように感じます。人格を否定されたようにも感じます。

その結果として、「ロジカル・ハラスメント」という「嫌がらせ行為」になるのです。このプロセスでは被害者の方は自己肯定感を傷つけられてしまいます。

そして、相手が巧妙に「真っ当」であるかのように見せるので、自分が被害者であることにも気づけなくなります。「自分が間違っていたかもしれない……」と思い込まされて、ますます自己肯定感が傷ついていくのです。

このように「真っ当なフリをする誰か」は「真っ当」という戦車で心と態度をガッチリと固めています。そして、関わる人達の立場も自己肯定感も踏みつけてまわります。相手の痛みにはお構いなしです。

特に、正直者で自分自身の劣等感と向き合う勇気を持っている方は悪い影響を受けやすいことでしょう。なぜなら、劣等感と向き合う勇気は、「状況に合わせて自分を見直す勇気」になり、見直す過程で自分に対する確信がゆらいでしまうからです。

もちろん、第2章で紹介したように、劣等感と向き合って落ち込むことは「目標に向けたアクションの起爆剤」です。「落ち込む勇気」を持つことも、「自分を見直す勇気」を持つのも素晴らしいことです。

ただ、自分に対する確信がゆらいでいると、私たちは落ち込みやすくなってしまいます。特に、「自分は善である」と自信満々な偽善者に圧倒されると、本当にかなりどん底まで落ち込んでしまいます。自己肯定感もトコトンまで下がってしまうのです。

だから、ユングのこの言葉を忘れないでください。「真っ当なフリ」で自分の劣等感から逃げているような卑怯な偽善者に、狂気に満ちたモンスターに、あなたの自己肯定感を傷つけさせる必要はないのです。

ユングが生きていたら、このようなモンスターはユングが治療したことでしょう。今、ユングはいませんが、私のところにお連れください。私がその方を治療してあげましょう。

3-2

愛されていると確信している人間は、どれほど大胆になれることでしょう。

自己肯定感は私たちが体験するほぼあらゆる感情が反映されるものです。したがって、周りの状況の変化で私たちが何かを感じるたびに変化するものです。絶えず変化するものなので、「最高の自己肯定感」を一度手に入れたからといって、それがずっと続くというものではありません。

仮に、「最高の自己肯定感」をずっと維持できる人がいたとしたら、周りにはいい迷惑なことでしょう。おそらく、その方は前の節で紹介した「真っ当な方」の典型のような方でしょう。自分の自己肯定感を守るために、落ち込む勇気を放棄して劣等感から逃げ続けている卑怯者です。

あなたが自己肯定感を保てない……と悩んでいるとしたら、あなたはこのような卑怯者ではないということです。劣等感と向き合い落ち込む勇気を持っているということです。どうか、そんなご自身を誇りに思ってください。

とは言え、自己肯定感がゆらぐと苦しいです。可能であれば良い意味で自己肯定感を高く保ちたいものです。その一つの方法が、「愛されている」と確信することです。

私たちの脳は社会的刺激に反応する社会脳です。愛されていると感じられたら、脳が「あなたは大丈夫ですよ」という信号を発信します。この信号が、私たちの自己肯定感をいい方向に導くのです。

ただ、愛されることは逆に難しい……と思う方もいるかもしれません。中には「私を愛している人なんていない……」と感じている方もいるかもしれません。

ですが、ここでちょっと考えてみてください。そもそも、「愛されている」とは何なのでしょうか？　私たちは何をもって「愛されている」と定義しているのでしょうか？

この問いについて考えるために、ある20代の女性の例を紹介しましょう。この女性は父親と年齢が近い勤務先の上司が自分のことを嫌っているのではないかと心配していました。

いつも、上司が自分に対して、事務的で冷たく話しかける度に「自分はもう要らないと思われているのではないか？」「ここからいなくなれ……と思われていないか？」と怯えていました。上司と話したあと、涙が出ることも度々で、密かにトイレにこもって泣いていたこともありました。

そんなとき、「もう、死んでしまおう」と思うと不思議と気が楽になりました。これは、いわゆる「死んだ気になれば……」というものの一種かもしれません。「自分はもう死ぬんだ」と思うことで、脳は「何事にもこだわる必要も、悲しむ必要もない」とすべてのこだわりを手放します。そうすると逆に気が楽になって、不思議と生きていけるのです。

この女性は、上司に嫌われているように感じてしまうことで、生きた心地がしなかったのでしょう。追い詰められたあまり「もう死のう、もう死のう」と毎日のように考えていて、だんだん口癖が「ああ、死にたい」になっていきました。

彼女はなぜ、ここまで追い詰められたのでしょうか？　それは、彼女の「愛されている」の定義が偏っていたからです。

上司にとって部下はご機嫌をとる対象ではありません。今日では人当たりのよい上司、部下をやる気にさせる上司が好まれるようです。ですが、やる気とは本来は従業員が自分でマネジメントするものです。厳しい言い方かもしれませんが、「やる気を自己管理できないならやめればいい」という管理職もいるのです。

実際のところ上司の物言いがどの程度事務的で冷たいのか分かりませんが、事務的で冷たいということが「あなたはいらない」とか「いなくなれ」という意味を含んでいるわけではないのです。

彼女は「いつもありがとう」「いてくれて助かるよ」「いつもいい仕事をしてくれるね」などの温かく好意的で気遣いに満ちた言葉掛けがないと「部下として愛されている」と感じなくなっているのです。

ですが、実際には上司は彼女の仕事ぶりに何の問題も感じていません。上司にとっては当たり前のことなので口にもしませんが、仕事ぶりは評価しています。仕事終わりなど多少余裕のあるときは「今日も一日お疲れ様」と温かく労っていますし、給料もちゃんと振り込まれています。彼女は従業員として「愛されている」のです。

このように「愛されている」とは、特別な好意を受けることとは限りません。存在を認められているだけで、もう愛されているのです。あなたも愛されているはずです。確信を持ってください。

3-3

劣等感をバネに偉業を成し遂げた者も数知れません。

前の節では「愛されている（＝存在を認められている）」という確信が自己肯定感を支えることを紹介しました。この節では視点を変えて劣等感と自己肯定感についてお話ししたいと思います。

もうすでにお気づきかも知れませんが、多くの場合で劣等感は自己肯定感に悪い影響を与えます。繰り返しになりますが、劣等感は苦しいものです。心の痛みの一つです。

ついつい人と自分を比較してしまって、苦しい思いをしてしまいます。その苦しみの中で多くの方が自己肯定感を見失ってしまうようです。なので、私たちは劣等感を味わされる場や人を避けたがります。

でも、ここで、第2章2-8で紹介したアドラーの言葉「生まれ変わる必要はありません。感情の使い方を変えればいいのです」を思い出してください。実は劣等感という感情は、使い方を変えれば自己肯定感を下げるどころか、自己肯定感を上げるものにもなるのです。

劣等感を上手に使って、自己肯定感を高める……これができたら、多くの方は何も恐れる必

要がなくなるでしょう。そして、数々の成功を手にすることでしょう。

なぜなら、現代社会では多くの方が劣等感を恐れて、劣等感を避けるようにアクションを選択しているからです。たとえば、そのアクションの一つが3-1の「真っ当なフリ」で誰かの人格を貶めることです。これは卑劣なアクションとして軽蔑されるべきものであるだけでなく、自分を見直す勇気がないのでこの先にあるのは転落の人生だけです。

もっとありがちなものとしては、確実な結果が出るアクションばかりを選ぶこともその一つです。仮に劣等感が強かったとしても、アクションに確実な結果が伴っていれば劣等感を軽くできます。一見、いいアクションの選択のように見えます。

ですが、実はこれ、2-1で紹介した将来的に行き詰まるアクションです。アドラーによると危険な選択です。問題は、その結果の永続性です。世の中も世界もそして自分も、どんどん進化し、変化していきます。その中でいずれは同じ結果が出なくなるからです。

たとえば、勉強はできないけどサッカーをやらせたらまるで魔法のようなボールさばきでみんなを翻弄するスーパーテクニシャンがいたとします。学生時代まではサッカーに集中することで劣等感を回避できました。しかし、プロで通用する体力が付きませんでした。そこに残っているのは学力も仕事もない若者です。もう、サッカーで劣等感を回避できないのです。

第2章では劣等感は「行動するための起爆剤」であることを紹介しました。厳しいことをいうようですが、私たちは劣等感と向き合わなければ、「真っ当なフリ」という鎧にこもって転落を待つか、劣等感を回避し続けて、結果的に進歩するチャンスを逃すか……このどちらかなのです。

言い換えれば、変化の早い現代社会を生き抜くには、劣等感と向き合うことそのものが「この先の自分」をより良くする最大の戦略なのです。仮にあなたが劣等感と向き合って苦しんでいるとしたら、この先のあなたがもっと良くなる可能性をグッと高めるチャンスなのです。

たとえば、A大学で最高偏差値の学部を目指して入れなかった方がその大学の中で最低偏差値の学部に入りました。同じ大学とは言え、サークルなどで入れなかった学部の学生と一緒になると劣等感が湧いてきます。

しかし、この劣等感という苦痛が彼に危機感を与え、たとえば弁護士や公認会計士など卒業後に役立つ資格の取得を目標にしました。そして、最高偏差値学部の人たちが学生時代を楽しんでいる間も勉強に励み在学中に合格しました。劣等感との向き合い方を身に付けた彼が、卒業後も数々の成功を収めたことは言うまでもないでしょう。

これは夢物語ではありません。本当にあった出来事の一つですし、今もどこかで現在進行形の物語だと言えます。

このように劣等感は行動する起爆剤であり、成功へのスタートラインでもあるのです。劣等感と、そしてその苦痛と向き合う勇気を持つあなたの将来は明るいです。このことを、あなたの自己肯定感に反映させてください。

3-4

傷つきやすさの中から、強さが生まれてきます。

人として生きていると、傷つくことが少なくありません。もちろん、前の節で紹介した劣等感もそうですが、傷つくと、心が痛く、苦しいですよね。

劣等感以外にも、いろんな傷つき方があります。中でもダメージが大きいものの一つとして、カウンセリングなどでもよくテーマになるものをご紹介しましょう。それは「裏切り」です。

実は、私たち人間は裏切りに敏感です。裏切りは深い心の痛みを生み出すように作られています。

なぜ、私たちは裏切りに傷つきやすいのでしょうか？　それは、人にとって最も危険な存在が「裏切り者」だからです。

敵だと最初から分かっていれば、構えることができます。敵の攻撃について、何らかの備えを持つこともできます。しかし、裏切り者は、「敵ではない」という顔をしているので、容易にあなたの無防備なところに侵入できます。そして、無防備なあなたに対して容赦ない攻撃を仕掛けます。

カウンセリングではいわゆる「ママ友コミュニティ」の出来事が話題になることがあります。ある母親が幼稚園で知り合ったママ友からランチ会に誘われました。子どもを幼稚園に預けている間に、ママだけで楽しみましょう……というコンセプトでした。

この方はとても楽しみにしていました。なにより、知り合いがいない幼稚園で心細く思っていたので、ここで仲良くなれることも嬉しかったのです。

ただ、自分が行ったことがないおしゃれな雰囲気のお店です。誘ってくれたママ友に、「おしゃれなお店だけど、ドレスコードとかないわよね？」と半分冗談のように聞いてみました。すると、「ドレスコードがあるようなお店に行くと肩が凝っちゃう。お店にはドレスコードとかないわよ。普通の服で来て」とお答えがありました。

そこで、いつもより少々おしゃれにしつつも、スキニーパンツなどママとしては動きやすい普通の服とメイクで参加しました。しかし、参加してみると予想外のことになっていました。

確かにお店にはドレスコードはないのですが、ママ友コミュニティの中に暗黙のドレスコードがあったのです。みんな、丈が短めのワンピースを着ていて、まるで合コンに向かう女子のようにきれいに着飾っていたのです。

そして、席につくとママ友のみんなが一瞬フリーズします。ヒソヒソ声も耳に入ります。必ずしもそう決まったわけではないのですが、服装を中傷されているかのような気持ちになってしまいます。

雰囲気を保つために、なんとか笑顔をキープしてその場にとどまりましたが、食事の味も感じられないだけでなく、会話にも入れません……。初参加なので、気遣って会話を振ってくれる人もいましたが、動揺して良い対応もできませんでした。

あなたがこのような事態に追い込まれたらどのような気分になるでしょうか？　確かに、お店にはドレスコードはありません。しかし、コミュニティには暗黙のドレスコードがあったのです。

誘ってくれた方は、嘘はついていません。ですが、騙されたような、裏切られたような、そして笑いものにするために陥れられたという気持ちになるのではないでしょうか？

実際、このような体験から心理的に深く傷ついてカウンセリングにお出でになる方が少なくありません。誰も信じられなくなり、安易にママ友を信じた自分を呪い、自己肯定感はどん底まで落ちました。

しかし、この方は時間をかけて強くなり、自己肯定感を回復させました。一体どうやって回復させたのでしょうか？　さまざまなプロセスを経ましたが、大事なポイントは2つです。一つは「劣等感と向き合うこと」、もう一つは「自分という物語に誇りを持つこと」です。一見矛盾する2つのようですが、実はつながっています。

彼女の劣等感の中身は、「仲間がいない、孤独な自分」「陥れられても誰も助けてくれない自分」などでした。ただ、この劣等感と向き合う中で、誰を仲間とするべきか、何のために子どもを幼稚園に通わせているのか、そもそも何のために母親をやっているのか、その目標を再確認できました。そして、目標に向かう私という自分の物語を誇れるようになったのです。

時には誇りを奪う裏切り者に出会うこともあります。しかし、傷つきの中で自分を再発見すると、私たちは強くなれるのです。私はカウンセリングでそのお手伝いができることをとても嬉しく思っています。

3—5

人間であるということは、劣等感を感じるということなのです。

アドラーは人が社会的な存在であることに注目した思想家の一人です。そして、本能的に自分と他人を比較してしまう社会脳を持っているという、ある意味で「厄介な」性質に注目して彼自身の思想を発展させてきました。

比較をすれば、そこに優劣の意識が生まれてきます。すると、必然的に劣等感に苦しむことも出てきます。

この世界では、誰がどうあがいても、至高の存在としてこの世界にずっと君臨することはできないのですから……。すなわち、人は劣等感を感じるために存在していると言っても過言ではないのです。

ですが、繰り返しになりますが、劣等感は苦痛です。私たちが苦痛を味わうために生まれてきたなんて……。仮に、そんな運命にあるとしたら、私たちの命はあまりにも切なすぎます。そこで、劣等感を単なる苦痛ではないものにするために、アドラーはさまざまな角度から劣等感を考察しました。

そして、第2章2−8で紹介していますが、アドラーは「感情の使い方」を変えれば、「生まれ変わった」かのように世界と自分の見え方が変わってくることも強調しています。苦痛な劣等感も使い方次第なのです。

また、心理学者の私からすると、心に無駄はありません。苦痛に見える心理にも、辛いだけに思える心理にも、すべてその心理を獲得した理由があるのです。現代の心と脳の科学は、ほぼあらゆる心理の意味を解き明かしています。

たとえば、苦しいだけに思われている「うつ病」だって、ある状況では私たちを結果的に有利にする……というメリットがあったのです。劣等感にも、その意味がしっかりとあるのです。

そこで、ここではアドラーの名言に、現代の心と脳の科学の知見をプラスして、劣等感の最高の使い方をお伝えしましょう。大事なことは、第2章2−8でご紹介した「感情は情報である」という一つの真実です。一体、劣等感とはどのような情報なのでしょうか。

まず、心と脳が作り出すあらゆる苦痛は「自分はまずい状況にあるかもしれない」という事態を意味しています。脳が勝手な解釈や連想をして、まずくないのに苦痛を与える場合もありますが、「まずい状況のサイン」として苦痛があるのだと思っておいてください。言い換えれば、「何かしらアクションを起こして状況を変えろ！」というサインが苦痛なのです。

苦痛に対するアクションの一つに「逃げる」があります。このアクションは私たちが社会を作る以前は、苦痛に対する最適解の一つでした。ですが、劣等感は違います。

劣等感は、社会的感情と呼ばれるものの一つで、これが表すものを言葉にすると「この社会の中で自分は不利なポジションにいる」というサインなのです。たとえば2-9で紹介した学生さんが、劣等感から逃げて合格した大学に通わなくなったとします。このように逃げても、彼の「社会の中でのポジション」は全く有利になりません。むしろ、不利になるでしょう。

だから、劣等感から逃げてはダメなのです。

では、劣等感とはどのように向き合うべきなのでしょうか。すでに、この本ではいくつかの例でご紹介しています。第2章に登場した学生さんの例、バレーボール選手の例、大学の最低偏差値学部に入学した方の例、笑いものにされたママ友の例、みなさん、劣等感と向き合う中で自分の目標を再発見しています。

つまり、劣等感を感じて苦しいときは、「自分は何を求めて苦しんでいるのだろう？」と考える習慣を身に付けましょう。この答えが見えてくると、目標が見つかります。

目標は、実はあらゆる心の苦痛を緩和する、ある脳を動かす最初のスイッチです。私たち人の脳は、計画や展望など未来に心を向けると、心の痛みが緩和するように作られているのです。

劣等感から逃げなくても、劣等感と向き合うことで苦痛から解放されるのです。逃げるほうが手軽ですし、答えが見つかるまでは苦しいのですが、どうか落ち込む勇気を持ってください。

そうすれば、あなたの劣等感は単なる苦痛ではなく、成功へのスタートラインになることでしょう。

3-6

「否定と出会う」ことが出発点なのです。

「否定」と言うと、あなたは何の否定を思い浮かべますか？

自己肯定感と関係が深いものとしては、「人格否定」のようなことが思い浮かぶかもしれませんね。人格否定とは、ある人の生き方や価値観を否定することです。多くは数の力や権限など、より有利な立場で不利な立場の方の「人格」を否定するという形で行われるようです。

3-1で紹介したようなロジカル・ハラスメントも人格否定の一つになる場合もあります。相手の立場も価値観も否定するので、人格否定のように体験されるのです。

人格否定もロジカル・ハラスメントも、人に対する否定の仕方としては最悪のやり方です。このような否定は、今日は許されませんが、被害者になってしまうと自己肯定感が大ダメージを受けてしまうでしょう。

人格否定よりももっと日常的にありそうなものとしては提案やアイディアの否定でしょうか。これはこれで傷つきそうです。

提案やアイディアは人格そのものではありませんが、自分の大切な一部でもあります。それを否定されたら、自己肯定感が悪い影響を受けることが多いでしょう。

否定という表現はなじまないかもしれませんが、実質的に同じようなものとして、「Reject（拒否）」や「落選」があります。

たとえば、就職活動や転職活動は、就職・転職の応募者が募集にアプライする形で始まります。応募者の勤めたいという希望が「Reject」された場合、落選の通知が届きます。「その仕事についている応募者」という近い未来が否定された形です。

このような否定の場合、多くの方が自己肯定感を失います。学生の就職活動では、面接の選考で否定される体験をきっかけにうつ病に陥ってしまう場合もあります。

このように「否定される」という体験は自己肯定感を著しく下げてしまいます。そして、自己肯定感が下がると、気分的に不安定になるだけでなく行動にも迷いが生じます。迷いながら行動すると、成功できる可能性が低くなります。私たちは「否定」に直面しても自己肯定感を守れるようになっておく必要がありそうです。

では、どうすれば守れるのでしょうか。

あまりオススメはできませんが、実は3-1で紹介した「真っ当」な人になるのも一つの方法です。真っ当という心と態度の戦車で自己肯定感を守れば、少々の否定に直面しても何ともありません。

戦車の分厚い装甲で、あらゆる否定を弾き返します。まさに、何があってもゆるがない、最強の自己肯定感と言えるでしょう。

ただ、これは、単に否定を否認しているだけです。あなたに必要な否定も弾き飛ばすことになります。

言い換えれば、これは人とコミュニケーションが取れないということを意味します。そればかりか、否認という屈辱で周りの人々を踏み潰してしまうので、本当の意味での信頼関係を築ける人は周りからいなくなるでしょう。

このような理由で、「真っ当」になるという自己肯定感の守り方は邪道なのです。オススメできません。まるで、戦車で自分を守るかのような「コミュニケーション力のない自己肯定感」は周りの状況に対応するという心と脳の本来の役割を失ってしまうからです。

では他のいい方法はないのでしょうか?

それがこの節で紹介したフロイトの言葉、「否定との出会い」を「出発点」にすることです。場合によっては認めたくない、残酷な現実かもしれませんが、ほとんどの否定にはその「理由」と、理由が示唆する「現実」があるのです。

本来、心は「周りにより良く対応するためのメカニズム」です。この本来のメカニズムを失わなければ、私たちは「より良く」なれるのです。

たとえば就活・転活で落選した方は否定とともに「自分に足りないことがある」、または「自分にマッチする仕事は別にある」という現実と出会うことになります。この現実と向き合えば、

「足りない何かを身に付ける」または「自分にマッチした仕事を探す」という出発点を得ることができます。

否定との出会いは出発点なのです。出会いを活かすも殺すも、より良くなるもならないも、あなた次第です。

そうそう、大事な例外がありました。それは「真っ当な方」に否定される体験です。この否定はまったく出発点にならないので、出会わないようにご注意ください。

3-7 自分に対してとことん正直になることは良い修練です。

突然ですが、あなたは自分に対して正直ですか？　自分の気持ちを偽って生きていたりしませんか？

「なぜ、そのようなことを聞くのか？」と疑問に思われるかもしれません。突然、「自分に嘘をついて生きているでしょ」と言われているようなものですものね。不愉快になったらごめんなさい。

ですが、私がこのようにあなたに問いかけるのには理由があるのです。それは、実は私たちのほとんどは自分に嘘をつきながら生きているからです。

逆に言うと、私たちは自分に嘘をつきながらでないとこの世を生きていけないのです。なぜ、そうなるのか、この節ではここから考えてみましょう。

まず、この世は嘘だらけです。至るところに二重規範（double standard）が存在します。

小中学校では「みんな仲良く」という目標が教えられます。先生たちは子どもたちに「みんな仲良く」を要求します。

しかし、先生方はどうでしょうか？　必ずしも、先生方が「みんな仲良く」を実践していないように見えませんか？

学校教員の間で行き過ぎたいじめがあって被害者が訴える……などの出来事がニュースになることがあります。これは学校における「不都合な真実」の氷山の一角です。

私はスクールカウンセラーとして多くの中学、高校に勤めてきました。その中には先生方の喧嘩、感情的なもつれ、人間関係のトラブルなどのご相談もありました。公立学校の先生方が数年ごとに異動するのは、もつれた人間関係のリセット、という意味もあるのです。

さて、どうやら先生方において「みんな仲良く」は児童・生徒には守らせるもの、自分たちは守れないもの……という二重規範になっているようです。その意味では、子どもたちは「みんな仲良く」という「嘘」を教え込まれているということになります。

ただ、私は先生方を批判する気にも、非難する気にもなれません。なぜなら、これが人間だからです。

実は人類はもともと凶暴で隣人に対して攻撃的になりがちな動物です。しかし、滅ぼし合いは共倒れを意味します。そこで、共存のために「みんな仲良く」というルールを必要としました。

何世代も必要としたルールはやがて遺伝子に組み込まれ、本能になっていきます。今では協調性を作り出す脳の部位も特定され、協調性遺伝子もあるとされています。生まれつき協調性を持つようになったのですから、「みんな仲良く」はすでに「人間らしさ」の一つとも言えるでしょう。

しかし、「人間らしさ」はこれだけではありません。もともとの凶暴性を失ったわけではないのです。心と脳の進化は古い時代のものを新しいものがラッピングするような形で展開しています。協調性を獲得し、協調する行動を示していても、その裏では「気に入らない隣人」を襲撃する本能が常に潜んでいるのです。

心と脳の奥には他にも多くの本能が押し込められています。生き残り子孫を残すための本能（快楽原則）、安全を求める利己的な本能、栄誉や権力への本能……。数え上げるときりがありませんが、なんだか「世の中的には褒められない」ものが多いような気がしませんか？

自分に対してとことん正直になると、このような動物時代に獲得した本能の存在に気づくことでしょう。そして、自分が世の中的には「褒められない存在」だと気づくでしょう。

このとき、あなたの自己肯定感はどうなりますか？　褒められない私……を持て余して、悪い影響を受ける方もいるかもしれません。

でも、これでいいのです。これが人なのですから。

フロイトが言う修練とは、時に「あなたの中の褒められない存在」を満足させ、時に「自分に嘘をついて」でも世の中から隠さなければならない……という簡単ではないミッションと向き合うということです。人としての修練に臨むあなたは、フロイト的にはもうすでに「褒められる存在」なのです。

3―8

未熟な自分を責めている限り、幸せにはなれないでしょう。

アドラーのこの言葉、何かしら「やってしまった」と自分を責めている時に思い出してください。「やってしまった」と自分を責めている時は、概ね何かの失敗をしたときです。

そんなときって、自己肯定感が下がりますよね。失敗したということは自分に足りない部分、すなわち未熟なところが見えてくるということだからです。

たとえば、大事な会議に遅刻してしまった……、A社に送るはずだった請求書をB社に送ってしまった……、勢いでSNSに挙げた写真が多くの批判を浴びて炎上してしまった……などなど。

人として生きていると何かしらの失敗はつきものですよね。

中には、繰り返してしまう失敗もあります。そんなときは、「またやっちゃった……」などと、さらに自分を責めるのではないでしょうか。

このように、何であっても失敗すると自分自身を責めてしまいます。自分を責めると、自己肯定感が下がってしまいますよね。

失敗というのは、自分の未熟なところを突きつけられる体験です。失敗につながる未熟さは失敗という実害を伴います。実害があるということは無視できません。

無視できないので否応なしに、未熟な自分と向き合うことになってしまうのです。良識のある方なら、必然的に自分を責めることになるでしょう。

もちろん、良識を持てないほどに未熟すぎる方や、3−1で紹介した「真っ当な方」は失敗しても自分を責めることはありません。

未熟すぎる方は何でも人のせいにします。「この失敗は自分のせいではありません。□□さんが◇◇をしたので……」などと、自分と向き合いません。場合によっては「△△さんが自分を陥れようと嫌がらせを……」など、被害者的になってしまうこともあるでしょう。

真っ当な方は失敗を「構造的問題」にすり替えます。「そもそも、○○になるべきところが、そうなっていなかったことが問題なのです。

私がそれをよく理解して対策を講じていればよかったのですが、そこまで手が回らずに……」などと主張する方を見かけることはありませんか？　彼らはエゴと屁理屈の戦車に乗って、自分の歪んだ自尊心を守ります。

多くの場合で屁理屈に向き合っても時間の無駄です。

失敗について追及する立場の方も、そんな無駄な試みに付き合いません。結果的に、エゴイスティックな主張がまかり通ってしまいます。こうして、真っ当な方は、ご自分が「真っ当」

であり、失敗はしていないのだ……と思い込みます。

　このように、未熟すぎる方も、真っ当な方も、失敗しても自己肯定感を下げることはないでしょう。ある意味では、彼らは楽でしょうね。自分を責めるという苦行を避けることができるのですから。

　ですが、彼らはこの先は人として成長することはありません。人のせいにして、あるいは構造のせいにして、自分の失敗から学ばないからです。

　失敗した自分と向き合うことを回避できた、その瞬間はいいのかもしれません。しかし、長い目で見れば、誰も彼らを信頼しなくなり、社会の中での居場所を失うでしょう。

　比べてしまうのは変かもしれませんが、未熟な自分を責めている方は、彼らよりもずっとずっと立派です。ご自分を責めるという苦行に挑戦しているのですから。

　私は、自分の未熟なところと向き合って、ご自分を責める試みは素晴らしいと思います。劣等感と向き合うことと同じく、この先のあなたがより良く行動できることでしょう。

　人として成長できるのですから、自分を責める自分を肯定してください。自己肯定感を高く持ってください。

　大事なことは、責めるだけでは不幸になるだけだということです。責める目的を見失わないでください。自分を責める目的は、「もう失敗しないこと」、そして「失敗という現実の中で、できることを見つけること」この２つであるべきです。

そうです、次にあなたが取るべき、そしてもっと幸せになるためのアクションを見つけるという目的を持って、自分を責めてください。

「目的の力」はまた別の章でお話ししますが、目的が私たちを苦痛から救うのです。「責める目的」を大切にしてください。

3-9 心に従いましょう。でも、脳みそも連れていきましょう。

アドラーのこの言葉、前の節の言葉とセットで読んでいただけるとその意味がもっと実感できることでしょう。まずは、アドラーが言う「脳みそ」と「心」について、少し解説させてください。

まずは、脳みそについてです。アドラーの時代、脳の研究はあまり進んでいませんでした。脳研究のテクノロジーが乏しい時代でしたので、今日のように、脳の働きと性質がよく分かっているというわけではありませんでした。

ただ、事故で脳を損傷した方の研究から、脳のダメージで人が変わる、通常の思考力を失う……など、心の活動と脳に深い関係があることはすでに分かっていました。

アドラーの時代、「脳みそ」と言うと、概ね「合理的で生産的に考える心のシステム」の代名詞のように使われていました。なので、アドラーのこの言葉もこの意味で捉えてください。

次に、ここで言う「心」について解説しましょう。脳みそが「目的に向かって考えるシステム」ならば、心の意味は明白です。それは、「感情」です。

感情は考えるシステムよりもずっとずっと古くから獲得した心です。実は、心理学では感情を研究する心理学は、「動機づけ」、すなわちあらゆるアクションの原動力とセットで扱われることが多いのです。

ここまでお読みになると、もう感情の正体がお分かりいただけたかもしれません。そうです、感情とは、あらゆるアクションの原動力である「動機づけ」の、そのまた原動力なのです。

つまり、感情なくして、私たちのアクションは起こり得ないということになります。サルを使った研究では、感情の中心とされる扁桃体という脳の一部を切り取ったら無気力になった……という報告もあります。感情があるから、アクションがあるのです。

なので、アドラーの「心に従いましょう」は言い換えれば、「感情に従いましょう」なのです。感情に従うことで、私たちはよりイキイキと迷わずにアクションを起こせます。あなたの感情が望むことをやりましょう。

身近な例で恐縮ですが、私の周りには都心のビジネスマン生活をやめて農業を始める人が少なからずいます。いわゆる「脱サラ」というものですが、必ずしもビジネスマン生活に限界を感じてやめたわけではありません。

経営者として、あるいは職場で頼りにされる人事や経理の中核として、惜しまれながら辞める人ばかりです。そんな人たちがなぜ辞めるのか……、それは感情が農業を求めたからです。

キラキラの都心で颯爽としたビジネスマン人生を楽しむのも決して悪くなかったことで

しょう。ただ、彼ら、彼女らの魂が農業を求めたようです。

もちろん、農業は簡単ではありません。経営のこと、役所関係の事柄、地域社会のアレコレ……と好きなことだけやっていればいいわけではないでしょう。ですが、収穫の時期、収穫物を商品化するとき、日々の土、太陽、そよ風、そして農作物とのふれあい……彼ら、彼女らの感情が望むものが農業生活の中にはあるのです。

感情に従って生き方を変えた彼ら、彼女らは会社員時代よりもさらに輝いて見えます。自分らしさを実感して、自己肯定感も高まっているようです。

ここで「脳みそ」に話を戻したいと思います。感情が求める何かに向かうことは「自分らしさ」の実感となり、自己肯定感も高まります。

ただ、むやみに感情に従ってはダメです。農業の例ではありませんが、好きだけでは好きなことはできないのです。合理的で生産的に考えなければ、好きなことができる環境やフィールドを実現できないのです。なので、アドラーが言うところの「脳みそ」が大事なのです。

ではなぜアドラーは「脳みそに従いましょう」と言わなかったのでしょうか？　それは、脳内の合理的で生産的に考えるシステムが、感情を殺すシステムでもあるからです。感情を殺されたら……、扁桃体を切り取られたサルのように私たちも無気力になります。生きる意味も見失い、自己肯定感も下がることでしょう。だから、まずは「心に従う」ことが重要なのです。

「脳みそ」は心のために使いましょう。そして、あなたらしさを実感しましょう。

3-10

自分が病んでいることを知っている患者は、自分に無頓着な方々よりも、ずっと個性豊かなものです。

この節は、あなたがあなたの深層と向き合うことで、本当の意味でしなやかな自己肯定感を得るためのものです。一般常識では少々「?」となるところもあるかもしれません。ですが、必ず役立ちますので最後までお付き合いください。

さて、もし仮に、あなたが誰かに「あなたの心は病んでいますか?」と聞かれたら、どのように答えるでしょう。「病んでいません」と答える方もいれば、「病んでいるって何ですか?」と逆に質問する方もいるかもしれません。

私も突然聞かれたら、何のために聞くのだろう……と考えてしまって、しばらくフリーズすることでしょう。

心にしても、体にしても、「病んでいる」とはイメージが悪いものです。特に心の病についての一般的なイメージは悪いようです。「はい、私は病んでいます」とはなかなか答えられない人が多いと思います。

ただ、ユングに言わせると、実は私たちはみんな「病んで」います。そして、ユングは必ずしも「病んでいる」ことを悪いこととは考えていません。むしろ、病んでいることこそが人間らしさの一つ、言葉を換えれば「人は、病んでいるところも含めて美しい」とも言えるのです。実際、私もユング派と呼ばれるカウンセリングを学んでいたころ、そのコミュニティの中では「いい感じで、病んでいるね！」が褒め言葉でした。最初は驚きましたが、ユングの思想を私なりに理解してからはその意味が分かってきました。

では、なぜユングの思想ではこうなるのでしょうか？

まず、「心の病み」、言い換えれば「心の闇（やみ）」は誰にでもあります。たとえば、あなたが誰かに意図的に嫌がらせをされたら不愉快になりますよね。そんなとき、「死ねばいいのに」とか「消えてほしい」と思ったりしないでしょうか。

意図的な嫌がらせでなくても、隠しごとをされたり、騙されたり、裏切られたり……。こんなとき、誰かに悪意を持ってしまうこともあるのではないかと思います。

ですが、このような誰かへの悪意は人には話しません。憤りとか、恨み、憎しみや嫉妬などは、多くの場合で人に嫌がられるからです。自分の評判も落としてしまいますので、社会の「良識」として口には出さない人が多いでしょう。

その他、自分についてクヨクヨしたり、将来の不安や絶望感も人に話すと嫌がられやすいものです。これらも、良識として人には話さないことが多いでしょう。

人に話せないことが増えるということは、周りの人々とは別の世界を生きてしまうということです。孤独感や孤立感も深めます。孤独や孤立は社会的な存在である人にとっては苦痛です。憤りも、不安や絶望感も、それだけでもとても苦しい感情ですが、さらに孤独や孤立という苦痛まで上乗せされるのです。

こうして、さまざまな苦痛が入り混じった心の闇は心の奥にしまい込まれます。私たちは社会の良識にコミットしないと生きていけないので、心の闇から目をそらします。そして、心の闇がなかったかのように振る舞うちに、自分自身にすら心の闇がないと嘘をつくようになるのです。

自分に嘘をつき続ける方の自己肯定感は不安定です。目をそらしても心の闇はなくなりません。すると何が起きるでしょうか？

何かが心の闇を刺激すると、心の闇があなたの意識を支配します。そして、あなたはその場で感じる必要のない孤独感や憤り、憎しみなどに取り憑かれ苦しむことになります。

場合によっては、その感情を周りの人にぶつけてしまうことで敵を増やすかもしれません。良識を疑われることにもなるでしょう。こういう方は、本当の意味でのしなやかな自己肯定感を持てないものです。

ユングに言わせると、人は心の闇も病み（病むこと）も含めて人であり、病理も含めてその人の美しさなのです。ご自分の闇も病みも無視しないであげてください。

なかなか癒やされることはないかもしれません。良識的ではないかもしれません。でも、あなたが認めてあげなければ「あなたの中の病んでいるところ」がかわいそうです。

少なくともユングと私はあなたの闇と病みを認めます。どうか、ご自分の闇と病みを知って魅力的な方になってください。

3—11

人格形成とは、自分の生き方を絶対肯定するという最高に勇気のいる仕事です。そしてそれは生涯続くのです。

さて、この言葉は前の節とセットでお伝えしたい名言です。前の節では「心の病み（闇）」があってもいい、そしてそれを認めてあげていい……、というユングの視点を紹介しました。

実際、誰もが大なり小なり心に病みと闇を秘めています。社会の良識とされるものに沿わないかもしれませんが、それも私たちの一部です。

自分の一部を肯定できないということは、本当の意味での自己肯定ができないということです。ですから私たちは、私たち自身の病んでいるところと向き合い、それを認めてあげることが重要なのです。

ただし、一つ問題があります。それは、良識とされるものに心を縛られていると絶対に「心の病み（闇）」を肯定できない……ということです。なので、私たちが本当の意味での自己肯定感を得るためには、時には良識とされるものから程よい距離を取る必要があるのです。

これは言うのは簡単で、実行するのは難しいことです。なぜなら、私たちは社会というフィールドで生きていて、良識は社会を維持するためのバリアのようなものだからです。

私たちはその良識のバリアに守られてもいます。そのバリアを超えるということは、私たちが社会からはじき出されるリスク、言い換えれば排斥されるリスクを負うということになります。

そもそも、そのリスクを恐れて私たちは周りに承認されない思いを「闇」に葬ったのです。それくらい、良識とは重たいものなのです。ある意味で良識に「逆らって」、葬ろうとした闇を生き返らせるなんて……果たしてできるのでしょうか？

ユング的な答えとしては、「だから勇気と覚悟がいるのです」となることでしょう。時に良識の敵になる覚悟……こう言うと重たいですよね。

この重たさを打破するために、「（社会の多数派の）良識は悪」「良識に迫害される私は善」という価値観を作り上げる人もいます。この価値観に陥ると「自分は善」とできますが、良識を完全に敵にしてしまいます。

何だか、余計に自分を追い詰めているように見えないでしょうか？　良識に守られている自分まで否定してしまうと、余計に心細くなり自己肯定感も下がりそうです。いったい、私たちはどうしたらもっとスマートに自己肯定できるのでしょうか？

ここで視点を変えてみましょう。

私は良識をそこまで重たく考えなくてもいいような気もしています。少なくとも現代社会ではもっとスリムな考え方で十分でしょう。

なぜなら、憤りとか、恨み、憎しみや嫉妬など闇に葬られやすい感情の大半も、私たちを縛る良識も、すべて進化の過程で獲得したある脳の働きだからです。その脳とは、周りの空気に敏感な「サルの脳」です。

サルの脳とは私たちのご先祖が類人猿時代に獲得したとされる社会性の脳です。この時代、私たちのご先祖は大規模な社会を作りました。

初期人類の生存競争の中で、大きな規模の組織を一つにまとめる価値観の共有、ここまでの話でいうと「良識の共有」は「生き残る力」になります。組織の大きさでネアンデルタール人などの生存のライバルを圧倒できるだけでなく、組織的な助け合いもできるからです。ただ、社会性の脳は組織の中でより有利なポジションを求める本能も私たちに与えました。組織外にライバルがいない状況では、組織の中の仲間が有利なポジションを争うライバルになってしまうからです。

組織内での争いが頻繁になると、組織が崩壊します。そこで、良識は個人のポジションを有利にする心理の大半を禁じるのです。

もう良識の正体がお分かりですね。そもそも、良識とは絶対的なものではなく、社会を維持する都合で持たされたものです。なので、良識に葬られてきた心理も闇に閉じ込めておく必要はないのです。

もちろん、全く勇気がいらないというわけではありません。向き合うと苦しいことに変わりはありませんから。でも、時には違う良識で闇に閉じ込めたあなたの気持ちを肯定してあげてもいいのではないでしょうか。

少なくとも、ユングの良識と私の良識は、その試みを歓迎し、祝福しています。

3-12

健全な人は、他人を苦しめません。

さて、ここまで2つの節にわたって心の病みと闇を肯定することについてお話ししてきました。「自分には心の闇はない」と思われた方には退屈だったでしょうか。

でも、そう思った方も、よかったら読み返してみてください。誰にでも、大なり小なり心の闇はあるものです。

今は向き合う余裕がない、その準備ができていないという方は、今はそっとしておいてください。いつか、あなたの心が闇と向き合う準備ができたときに、向き合えばいいのです。

ユングは心の闇と向き合うことを強制しません。心の闇を無視することも否定しません。

自分の一部である心の闇も肯定することができると、本当にしなやかな自己肯定感を持てますよ……と提案しているのです。

この提案をどう生かすかはあなた次第です。

ただ、心理学の研究にはこんな研究もあります。自己評価（良識との比較など社会的な自己価値の評価）が低くても、自己受容（自己肯定感）が高い人がいる……、そして彼らは心理的な健康度が高い……。これは、まさにユングの言う通りの結果です。

もし、あなたが本当にしなやかな自己肯定感を持って心穏やかにあなたらしく生きていたいのなら、心の闇と向き合い、それを肯定するプロセスはきっと価値あるものになるでしょう。

心の病みも心の闇も人間らしいと受け容れるユングですが、一方で、「不健全」と考えている人々もいました。それは、この節で紹介する言葉にあるように、「他人を苦しめる人」です。

逆に言えば、人を苦しめていなければ私たちは健全なのです。私たちは自分が病んでいるかどうかを気にする必要はありません。心の闇を恥ずかしく思う必要もありません。

人を苦しめていないか……と、たったこれだけ気にしていれば、私たちは概ね健全だといえます。

ですが、気づかないで人を傷つけ、苦しめてしまっているときもあります。どんなときに苦しめてしまうのでしょうか？　すべてをお伝えすることはできませんが、ここではありがちな3つのタイプをご紹介しましょう。

1つは何度か批判的に解説してきた「真っ当」な人です。自分を「真っ当」とすることで、人を非難してしまうことが健全ではないことは繰り返しお伝えしてきました。実は、「真っ当」に固執する方にはご自分の心の闇を否定したい方が多いものなのです。

次は前の節でも少し触れていますが、ご本人が気づかないうちに心の闇に意識を支配された状態です。良識という仮面は着けていませんが、激しい孤独感や憤り、憎しみなどに取り憑かれ苦しむことになります。

その中で、その感情を周りの人にぶつけてしまい人を傷つけ苦しめるのです。これらの感情は、本当は周りの人にぶつけるべきではなく、ご本人の中の良識や、ご本人に「真っ当な良識」を突きつけて苦しめた誰かに向けるべき感情です。

しかし、感情は身勝手なものなので、近くにいる人が自分を苦しめたと誤認します。ここで、いわゆる「八つ当たり」が起こるのです。

3つ目は切ないのですが、心の闇を強引に埋めようとする場合です。スピルバーグの「A.I.」という映画をご存知でしょうか?

子どもを失った両親が子どものアンドロイドを迎えます。両親は子どもを失った傷心を癒やされますが、「子ども」として作られたアンドロイドは悲劇的な結末をたどる……という救われないドラマです。

怒りであれ、喪失感であれ、そして孤独感であれ、その心の闇を強引に埋めようとする試みはそこに巻き込まれた誰かを不幸にするのです。

これらはすべて心の闇の存在を認めていれば回避できます。自分の意識がそれに支配されていると気づけるからです。

ですから、今は心の病みと向き合う準備ができていなくても、心の闇の存在は認めてあげてください。そうするだけで、あなたは知らないうちに人を苦しめることを回避できます。健全な人でいられるのです。

心の闇に気づくだけでは癒やされません。ですが、心の闇があることで自己肯定感を下げる必要はありません。むしろ、人を苦しめない健全な人でいられるのです。「健全」であることを、あなたの自己肯定感にしてください。

自己肯定感をめぐる名言の数々、いかがだったでしょうか。

中にはちょっと重たい内容もあったかもしれません。「はじめに」でもお伝えしたように、自己肯定感は感情です。感情なので、中には重たいものもあります。扱いが難しいものもあります。

ですが、それを上手に扱えたとき、あなたはしなやかな自己肯定感を身に付けることができるのです。

ここで、この章で扱った名言の現代的な言い換えを、各節の解説に沿って整理してみましょう。「自己肯定感に良い考え方」「習慣にするべきこと」「やってはいけないこと」の3つに整理してみました。


【自己肯定感に良い考え方】

・あなたの「落ち込む勇気」「自分を見直す勇気」を称えましょう。（3−1）
・特別な好意ばかりが愛情ではありません。あなたは、本当は「愛されている」のです。（3−2）
・心の闇を抱え、病んでいるところも含めて、人は美しいのです。（3−10）
・心の闇の大部分は「良識」に反するものですが、そもそも良識も相対的で疑わしいことがあるのです。（3−11）

【習慣にするべきこと】

・劣等感は自己肯定感を高めるきっかけです。アクションの手がかりにしましょう。（3-3）
・傷ついたときは「自分の物語」を再確認しましょう。（3-4）
・裏切り者の被害を受けたら、カウンセリングも使ってください。（3-4）
・「劣等感」という情報を上手に使いましょう。（3-5）
・否定されたら、否定の背景にある理由を考えましょう。（3-6）
・自分の中の「褒められない存在」に気づき、存在を認めてあげましょう。（3-7）
・幸せになるという目的を持って、ご自分を責めてください。（3-8）
・人生をどのように送るかは「心」に従って決めましょう。（3-9）
・心の闇をよく見ることで、人を苦しめない健全な人になりましょう。（3-12）

【やってはいけないこと】

・「真っ当な人」は偽善者で卑怯者。攻撃されても真に受けないで。（3-1）
・特別な好意がないだけで、嫌われていると思い込まないでください。（3-2）
・劣等感を避け続けると、いつまでも劣等感に苦しめられます。（3-3）
・劣等感から逃げてはダメです。（3-5）

・否定されて打ちのめされっぱなしではもったいないです。理由を考えましょう。（3‐6）
・「みんな仲良く」などの共存に都合がいいだけのルールで、自分を評価してはいけません。（3‐7）
・被害妄想やエゴの戦車に頼って、自尊心を守ってはいけません。（3‐8）
・合理的で生産的な「脳みそ」だけで、自分の人生を考えてはいけません。（3‐9）
・心の闇から目をそらすと人としての魅力を失います。（3‐10）
・一面的な良識に縛られないでください。（3‐11）
・心の闇の存在を否定して、結果的に人を苦しめないでください。（3‐12）

すべてを一度にあなたのものにすることは難しいかもしれません。ですが、自己肯定感は魔法のようにすぐに高まるものではありません。

心は周りに反応するためのものですので、あなたのアクションであなたが生きやすい生き方と環境を作ることが大切なのです。あなたの自己肯定感が何かのピンチを迎えたとき、繰り返しこの第3章を読んでください。

正しい考え方とアクションを続ければ、必ずあなたの生きやすい生き方と環境ができます。そして、あなたの自己肯定感はもっともっとしなやかで強くなることでしょう。

第4章

「人間関係」への迷い

この章は人間関係がテーマです。とうとうここまで来ましたね。

と言うか、やはりこのテーマは避けて通れないと言うべきでしょうか。人間関係が迷いの「本丸」となっている方も多いのではないかと思います。

実際のところ、人が集まる場所であり、立場や利害関係がぶつかり合う「現場」とも言える職場では、人間関係の問題が出まくりです。ここ何年も、職場のストレスは「人間関係」がほぼずっと第1位です。年によって多少の変動はありますが、累積第1位の座が揺らぐ気配はありません。

本来、職場とは事業目的に沿った生産性を追求する場であるべきです。ですが、実態としては生産性を追求する場というよりは、利害のぶつかり合い、感情のぶつかり合い、マウントの取り合い、など、生々しい人間模様や現場になっています。

ある意味で、立場や利害関係をめぐる「戦場」とも表せるかもしれません。

私は仕事柄、企業の人事の方々のサポートもよく頼まれますが、人事の方々は日々、想定外の出来事やトラブルに翻弄されています。その実態をシンプルに表現するなら、「常識ではあり得ないことが頻発しています」となるでしょうか。

人事の方によっては「常識が通用しない」と表現する方もいます。また、少し自分の「常識」へのあきらめを感じている方であれば、「いろんな常識がありすぎて、対応が追いつきません……」という悲鳴を上げている方もいます。

いやはや、人は人に癒やされる生き物でもありますが、人に翻弄される生き物でもある……と実感できるのが職場の人間関係なのです。

さて、この章では職場に限らず、「ややこしくて、しょうがない」「複雑すぎて、嫌になってしまう」、こんな人間関係をシンプルに理解して、シンプルに対応するための心理療法家たちの名言をご紹介しましょう。

あらかじめ、そのポイントをお伝えしておくと、次の6つに集約できるでしょう。

・孤独は素晴らしいものである。
・人は、良くも悪くも人間関係に影響される。人間関係で変わる。
・自分は自分で守るべきである。
・人は対立するものである。
・この世は天国でもないが、地獄でもない。
・誰も信じてはいけない。しかし、信じられるように考えた方がいい。アクションを起こしたほうがいい。

さてさて、これまでの章と比べると、ポイントだけでも少々複雑ですね。でも、仕方がないのです。人間関係は複雑なものですから。

だから、多少複雑であることはあきらめて受け入れてください。でも、複雑だからこそ、シンプルにするためのヒントが必要となるのです。

第1章の繰り返しのようになりますが、誰にでもフィットする生き方はありません。人間関係の渡り方、泳ぎ方も、それと同じです。安易な方法論に頼っても、末永く幸せにはなれません。なので、この章は安易に「上手に見える方法論」をご紹介するような作りにはしていません。もちろん、方法論も含まれていますが、あなたにフィットする人間関係の上手な作り方、生き抜き方、もっと言えば、「人間関係の中で幸せになる方法」を見つけ出す考え方をご紹介しています。

このような本の作り方は、私（筆者）にとっては、もしかすると出版社にとっても悩ましいことです。だって、安易な「方法論」をご紹介するほうがよく売れて多くの方に読んでいただけるのですから……。

でも、この章では敢えてそうはしませんでした。あなたに本当に役立つものでありたいからです。さあ、私が厳選した、あなたに本当に役立つ心理療法家たちの名言の世界をご覧ください!!

4-1

自ら進んで求めた孤独や孤立は、人間関係から生まれる苦悩への最も手近な防衛となるでしょう。

突然ですが、人間関係に疲れていませんか？

私たちは「人間」です。

私たちのご先祖は、進化のある過程で群れて生活することを選びました。そして、みんなが同じ目的で行動できる「組織」を作りはじめました。

さらに組織の集合体としての社会を作りました。いつしか、私たちは組織や社会に守られて生きるようになりました。私たち自身も、組織や社会に合わせられるように進化してきました。

そんな私たちは、いつしか一人では生きられない生き物になりました。そして生きるために他の「人」を必要とするようになりました。

今、私たちは常に社会に身を置く生き物です。すなわち、私たちを表す「人間」とは、社会という「人」と「人」の「間」に存在している生き物という意味です。

社会は私たちを守ってくれています。あなたの周りの人間関係も、ある意味であなたを守ってくれる「資源」です。

ですが、社会は私たちに社会に合わせるように要求してきます。身近な人間関係でもそうです。みんな、大なり小なり自分に合わせるように要求してきます。

そして、私たちの脳も社会や人間関係に合わせようとするシステムを身に付けています。もしかしたら、結構必死で合わせようとしているかもしれません。

だって、社会や人間関係に守られていないと、私たちは生きていけないのですから……。

社会に守られるためには「立場」が必要です。自分の立場を得るために、そして、守るために常に神経を張り巡らせているのかもしれません。だから、時には疲れてしまうのです。

もちろん、社会も人間関係も私たちを守ってくれる貴重な「資源」ですから、大切にしなければなりません。疲れたからと言って、放棄してしまってはいけません。

ですが、私たちは社会や人間関係に守られるだけの存在でもありません。私たちのご先祖は群れて生きる以前は、それぞれ自由に暮らしていました。その当時のご先祖の脳も私たちの中で今も確かに息づいています。

そう、私たちには自由意志があるのです。そして、この自由意志は必ずしも社会や組織、人間関係に合うものばかりではないのです。私たちは社会や組織、そして人間関係の中で、私たちの自由意志を殺さざるを得ないこともあるのです。

たとえば、あなたの恋人が今日の出来事を無邪気にお話ししています。あなたの価値観と恋人の価値観は同じではありません。お話を聞いている中で、あなたは「なんでそう思うの?」と疑問に思うところもあります。

しかし、それを態度に表すと、恋人は不機嫌になります。あなたへの苦情が始まります。そうなると結果的にあなた自身も不愉快な時間を過ごすことになります。それを避けたいあなたは、あなた自身の自由意志を封印して、恋人のお話に穏やかに耳を傾け続けることになります。

このような出来事、相手が恋人ではなく親や上司という場合もありますが、似たような経験はありませんか? 疲れるものですよね。

だから、私たちは時に孤独に癒やされるのです。時には孤立もいいかもしれません。いずれにしても、あなたの自由意志を損ねる誰かがいない時間と空間は、人に合わせることに疲れ果てた心と脳には最高のご馳走になりませんか?

人は、人と人の間で守られているからこそ、時には人と人の間から離脱する必要もあるのです。それでも人間ですから、ずっと離脱しっぱなし……というわけにはいきませんが、自分を回復させてください。自分を大事にしてください。遠慮なくあなた自身でいられる時間も大切にしてください。

4-2

われわれ人間は わかり合えない存在だからこそ、信じるしかないのです。

人を信じられるかどうか……あなたも悩んだことはありませんか？　実は私も何度も悩んでいます。というか、いつも悩んでいるのかもしれません。

この悩み、突き詰めて考え始めると頭がおかしくなりそうです。特に一人で悩み始めると、止まらなくなることもありますよね。

なぜ、私たちはこんなにも人を信じられるかどうかで悩むのでしょうか？　そもそも、人を信じられないって、何なのでしょうか？

この問いに答えるなら「人間はわかり合えない存在」だからということになります。人のことがよくわからないから、信じられないのです。

むむむ……、なんだか私、アドラーと逆のことを言っているように見えますね。そうなのです。わかり合えないから信じられないのも一つの脳レベルで証明されている真実なのです。

ただ、この真実と向き合わないと、アドラーの言葉の真意も理解できません……。人間関係ってややこしいですね。そこで、ここからの4つの節ではアドラーの言葉を手がかりに「人間関係のホントのところ」をあなたにご紹介しましょう。ちょっとややこしい話になりますが、お付き合いくださいね。

まず、「信じられない」というこの悩み、決して根拠のないものではありません。実際のところ、生きていると裏切られることも多々ありますよね。

相対的に軽い裏切りとしては、陰口でしょうか。陰口、もちろん言われた側からすると気分的にはまったく軽くはありません。よく「ありがち」という頻度的な軽さにすぎません。

おそらく、陰口を叩く側からすると、気分的には本当に軽いのでしょうね。私自身は陰口を言うのも聞くのも嫌いなほうなのですが、言うのも聞くのも比較的「軽く」やっている方が多いようです。

そして、陰口を叩く方のほとんどは本人に会うとケロッと「良い顔」をしています。陰口という裏切りは軽く行われるものです。

裏切りに話を戻しますと、陰口よりも重たい裏切りもたくさんあります。実害がある裏切りもあれば、大きな実害がない裏切りもあります。いずれにしても、世の中は裏切りであふれています。

もしかしたら私自身も、気づいていないだけで今もどこかで誰かに裏切られているかもしれません。気にし始めたら、気が狂いそうになってしまうことでしょう。

私たち人間は社会的な存在なので、人に敏感な脳を持っています。裏切りを感知すると、大きな心の痛みが発信されてしまいます。

その痛みに耐えきれずに、死にたい気分になるかもしれません。なのに、なぜ、私たちの社会はこんなにも裏切りにあふれているのでしょうか？

実は心が始まったばかりの頃、私たちのご先祖は社会など作っていませんでした。それぞれ、自分勝手に生きていました。その当時の脳は私たちの深層心理で、今も活動しています。

つまり、私たちの無意識にとても自己中心的で身勝手な心が潜んでいるのです。だから、有形無形でそういう自分勝手さがにじみ出てくるのです。

協力し合っているように見えて内面は自分勝手な生き物……これが人間なのです。このことが良いとか悪いとかは関係なく、これが人間の真実なのです。

たとえば、誰でも、自分の立場や財産、親族が危機に陥れば、普段は仲良くしている隣人を蹴落としてでも「自分の拡張物」を守ろうとするでしょう。これはこれで、人の必然なのです。

なので、人と人とが関わり合っていれば、不快感を全く与えないなんてことはありえません。裏切り合わないこともありえません。大なり小なり、私たちは不快感を与え合い、裏切り合いながら「共生」しています。そうです、「共に生きる」とは不快感を与え合うことでもあるのです。

では、なぜアドラーは「信じるしかない」と言うのでしょうか？　その答えは次からの３つの節で詳しくご紹介しましょう。

4-3 他者に貢献することで、居場所を確保すればいいのです。

さて、前の節では陰口という裏切りを手がかりに、人は不快感を与え合うもの、裏切り合うもの……という人のダークな真実をご紹介しました。もしかしたら、裏切りだとは思わずに陰口を楽しんでいたという方も意外と多いのかもしれません。

実際のところ、誰かを悪く言っている間、相対的に自分は「正しい」と思えます。自分は正しいと思うことは、第3章で扱った「真っ当な方」のように心地よくなれます。

「人の不幸は蜜の味」という脳レベルで実証された言葉もありますが、誰かを悪く言うことは、ある意味で誰かを不幸にしているのです。この行為が心地良い方も多いようです。

また、「誰かの悪いところ、気をつけたほうがよいところを教える」という態度は「あなたに味方している」という態度にもなります。一種の「役立つ情報提供」のように見えますので、誰かの陰口はある種の「贈り物」にもなり得るのです。

まあ、言うならば、ただの「情報操作」でしかないのですが、実《まこと》しやかな陰口の場合、その効果は絶大です。すると、陰口をうまく利用すると「味方が増える」という状況にもなり得ます。

陰口という裏切りを上手に使った人が味方を増やすことができる……？　何だか「そんな！」と言いたくなるような、理不尽な法則ですね。

ですが、あなたの周りにもこんな理不尽があふれているのではないかと思います。実際、カウンセリングの仕事をしていると、本当にあらゆるところでこういう構造に出会います。

小中学生やママ友集団のいじめのきっかけ、大企業など大きな組織の覇権争い、親類縁者の骨肉の争い……陰口を上手に使った人が有利になっていく事例は数限りなく存在するのです。

こういうところに注目すると、「人間というものはなんと愚かで醜い生き物なのでしょう……」などと言いたくなってきますよね。ですが、繰り返しお伝えします。このことに「良い」も「悪い」もありません。誰がどのように評価しようが、これが人間の「真実」なのです。

第3章でもお伝えしたように、「みんな仲良く」が人間の本来の姿ではありません。搾取し合い、貶め合い、裏切り合う……これが人間の「真実」であり、私たちの「性（さが）」なのです。こういうところに注目すると、人として生きるのが嫌になってきそうですね。

さて、ここまで人の世のダークサイドを強調してきましたが、ご安心ください。人の世は天国でもありませんが、地獄でもありません。ダークサイドもライトサイドも程よくブレンドされているから面白いのが人の世です。

たとえば、仮に陰口があまりにも多い方は「あの人、陰口が多いのよ……」という陰口を叩かれるようになることでしょう。平家物語の「驕れる者は久しからず……」ではありませんが、立場というものは良くも悪くも移ろいゆくものなのです。

では、なぜ立場は移ろいゆくものなのでしょうか？　そのヒントはこの節の前半にすでにご紹介しています。察しのいいあなたなら、もう分かったかもしれません。

陰口で有利な立場になるのは、それが「贈り物」として機能するからです。つまり、誰かを幸せにするお手伝いをしているかのように見えるから、陰口を上手に操る人が人望を得て有利になるのです。

要するに、この世で有利になる最大のポイントは陰口ではないのです。陰口を「贈り物」に見せかける技術はさておき、「贈り物」で誰かを幸せにする人だから人望を得て有利になるのです。

「驕れる者は久しからず……」ではありませんが、誰も幸せにしない、むしろ不幸にしている……と思われると、急激に立場を失うのが人の世なのです。

言い換えれば、陰口だけの人、立場を得たいだけの人は失脚し、いつしか退場します。結果的に残るのは「誰かを幸せにする人」つまり、人に貢献できる人だけです。その過渡期にはダークサイドに塗れることもあるでしょうが、最後はこうなるのです。

この節のアドラーの言葉を逆に言えば、この世に居場所を確保できている人は、結果的に人に貢献している人だけです。あなたの周りの方々の大部分は、そういう理由でこの世に存在しているのです。一部の、そうでない人のことで気に病むのはもったいないことかもしれません。

4-4

自分のことばかり考えてはいませんか? 奪う人、支配する人、逃げる人、これらの人は幸せになることができないでしょう。

この言葉の意味、前の節からのつながりで、すでにお分かりのことと思います。まずは、その詳細を解説するべきなのかもしれません。ですが、ここでは敢えて違う視点から入らせてください。

私があなたと共有したい「その視点」とは、「幸せはどこにあるでしょう?」です。この問いかけ、あなたはどう思いますか? あなたなら幸せはどこにあると答えますか?

この問いかけ、いろんな角度から、いろんな答え方ができそうです。古代からソクラテスなど偉大な哲学者たちも繰り返し考えてきています。数多の宗教家もそれぞれの世界観と人間観で多くの幸せ論を展開しています。この本を読んでいるあなたなら、もしかしたら幸せを研究する工学博士、前野隆司《たかし》さんの幸福学もご存知かもしれません。

幸せはどこにあるのか、この問いには本当にたくさんの賢者がたくさんの答えを出しています。なぜ、こんなに答えが多いのでしょうか?

それは、みんなが幸せになりたいからです。私たちの脳は「幸せ」を求めるようにプログラムされているので、「幸せ論」にみんな惹かれるのです。だから科学から哲学まで、数多の幸せ論が積み上げられてきているのです。

ですが、アドラーやフロイト、ユングといった心理療法家や、私のように心と脳を研究する科学者からみると、その答えは一つです。それは、「幸せは、心の中にある」という答えになります。

そもそも、「幸せ」は「自分が今、生存に適した状態にある」というサインです。ちょっと味気なく表現すると「情報」です。なので「心の中にある」という答えは、ある意味では当然のことなのかもしれません。

では、私たち人間にとって、どのような状態が生存に適した状態なのでしょうか。その、最も根本的なポイントは、この世に安定した「居場所」、すなわち自分が「尊重される場」を得ることです。前の節の言葉を使えば「立場」とも言えます。

ここまで来ると、申し合わせの正体、お分かりですね。「幸せ」は「心の中」にあり、立場によって「社会的に守られた状態」にあることがその原点となるのです。

もちろん、人は欲張りなので、これだけで満たされる人ばかりではありません。従順であることを求められて窮屈な状態で守られるのであれば、むしろ「立場を失う不幸」を選んででも新しいチャレンジを求めるタイプの人間もいます。

逆に、常にチャレンジを求められることがストレスになる方であれば、一時的に立場を失ってでも従順であることが評価される環境を探すほうが幸せかもしれません。

おっと、なんだかちょっと難しくなってきましたね。幸せの「原点」はみんな同じ、でも幸せが最大化する状態はみんな違う。少々、ややこしいです。

でも、実はこれ、すでに第1章1−9でご紹介していることなのです。ある人の幸せの形が、自分の幸せの形とは限らないのです。

人間の本質は自分勝手なのですから、「無理をして守られている」のではダメなのです。自分らしい幸せの形を見つけないと不幸なのです。

大事なことは、その自分らしさが誰かに、そして社会に貢献できているかどうかです。たとえば、チャレンジを求められる立場にいる方が従順であろうとすることは、立場から逃げ、周りに負担をかけることになります。結果的に、その方の「従順」という自分らしさが周りを支配している状況になるわけです。これでは立場が得られないので、幸せの原点を失うことになります。

逆に従順であることが喜ばれる立場であれば、この方は貢献しているので、幸せの原点が得られます。自分らしく在ることもできるので、その分、幸せ感も充実することでしょう。

さあ、人間関係と幸せの関係、そして「信じるしかない」という言葉のほんとうの意味、そろそろかなり見えてきたのではないでしょうか。次の節へと進みましょう。

4-5

感謝される喜びを体験すれば、自ら進んで貢献を繰り返すでしょう。

感謝される喜び、あなたも体験したことがあるのではないでしょうか。その時、どんな気分になりましたか？　なんだか、ちょっといい感じで胸が高まるような感覚はなかったですか？　感謝でなくとも、ＳＮＳの発信に「イイね！」がついた体験はありませんか？　その時も、なんだか嬉しくなって良い感じになってきたのではないでしょうか。

ＳＮＳの「イイね！」で胸が高鳴る感じ、これは脳内の快楽物質、言い換えれば脳内麻薬とも言えるものが関わっています。このことは、「スマホ依存」とか「スマホ脳」を警戒する方々からはネガティブに扱われがちです。

ユングの言葉ではありませんが、何事も「中毒」はよくありません。手軽なＳＮＳで、手軽な快楽に浸って、本来の自分を見失うことには警戒するべきでしょう。

ですが、大事なことは、私たちは人の感謝や「イイね！」などの承認を喜びにできる生き物である……ということなのです。スマホ依存の元凶のように扱われてしまうこの性質ですが、私たちは必要があってこのようなシステムを獲得したのです。

いったい何の必要があって、このようなシステムを獲得したのか……ここまでのお話をご記憶いただいていたら、もうお分かりですよね。私たちのご先祖は、もともと、メチャクチャ自分勝手で利己的な生き物でした。そのご先祖が、ある時から社会を作って協力し合って、生き残り、そして子孫を残して今日に至ってきたのです。

自分勝手な生き物が社会を作る……うーん、そんなことができるのかって？　はい、とても難しいことです。だから、劇薬が必要だったのです。そう、その劇薬が感謝や承認に反応する一種の脳内麻薬なのです。

簡単にまとめると、「自分勝手にする喜び」を凌駕する、「社会に協力する喜び」を身に付けたから今の私たちの社会があるのです。

いろんな依存症の原因になってしまっていますが、ある意味で、社会的な存在としての人間を象徴するシステムでもあるのです。だから、私たちは自分勝手である一方で、社会的であろうとしますし、人に喜ばれるように行動しようとするのです。

大事なのは「自分らしさ」であることが、誰かに、そして社会に貢献する何かになることです。たとえば、新しいチャレンジを求め続ける「自分らしさ」さが、社会に役立つアウトカムをもたらすとします。

こうなると、この「自分らしさ」は「自分勝手」ではなくなります。社会の財産になれるのです。

社会の財産になれば、立場も守られます。幸せの原点も確保できます。

だから、私たちは感謝される、または承認される体験を通して、何が人に喜ばれるのか学ぶのです。そして、考えるのです。「自分らしさをどう使えば貢献になるのか……」と。

ここで、4-2のアドラーの言葉「われわれ人間はわかり合えない存在だからこそ、信じるしかないのです」を思い出してみましょう。

人は確かにわかり合えません。みんな、本質は自分勝手で利己的です。いつ裏切るかわかりません。むしろ、大なり小なり裏切り合いながら生きています。

でも、人は裏切り合うだけだとこの世に居場所がなくなり、立場という幸せの原点を失うこともよく知っています。感謝される、あるいは承認される喜びが大きいほど、その喜びを失う心の痛みも大きいのです。

だから、みんな裏切り合いながらも、どこかでバランスを取ろうとします。裏切った分、感謝や承認につながる貢献もしようとするのです。

人の心も行動も他の人にはコントロールできませんが、感謝や承認を伝えられれば何が貢献になるか知ってもらえます。だから、「信じられない」けれど「信じるしかない」のです。信じていれば、感謝や承認をストレートに伝えられますから。

人間関係にはダークサイドがいっぱいです。天国ではありません。でも、地獄でもありません。アドラーと私を信じて、人を信じてください。そして、感謝と承認を伝えましょう。

4-6

愛情をケチってはいけません。

フロイトのこの言葉、いくつか反論の声も聞こえてきそうです。

たとえば「愛情は安売りするな」という価値観もありますよね。確かに、安売りすると価値が下がりそうです。いったい、どちらがいいのでしょうか？

さて、ここでは「豊かさ」をテーマに「愛情をケチる」について考えてみましょう。

「豊かさ」と申しましたが、人にはいろんな豊かさがあります。多くの場合で、まず思い浮かぶのは経済的な豊かさではないでしょうか。

実際、経済は重要です。マネーゲームのような何も生まない経済はともかく、モノが周り、ヒトが周り、おカネが動いて、今日の私たちの健康で文化的な生活は成り立っています。文字通り、経済的な豊かさは生活の糧なのです。

なので、経済的な豊かさを考えるのは必要なことなのです。今も、多くのビジネスパーソンがそのビジネスモデルの中で私たちの豊かさを支えてくれています。

さて、ここでビジネスの鉄則についてお話しさせてください。おっと、「ちょっと話が経済に偏りすぎでは？　この本はビジネス書？」って思われたでしょうか？

もちろんです。私もビジネスが専門ではありません。しかし、ビジネスも人間関係も、それが「ゲーム理論」と呼ばれる法則に基づいて展開されていることは同じです。

ゲーム理論は、もちろん心理学の一部です。なので「人間関係の妙」を考える参考にビジネスの話をさせてください。

ビジネスにおいて大事なことは取引相手との「win-win」の関係、すなわち相互に利益がある「互恵関係」を目指すことです。

ですが、人は本質的に「ケチ」なものです。自分勝手で利己的なだけでなく、「出ていく資産」は「入ってくる利益」の倍くらい大きく感じられます。だから、「出し惜しむ」生き物になってしまうのです。

とは言え、実際のところケチな相手と取引するとどうでしょう？

自分の利益を最優先して、何かと理由をつけては不利益をこっちに上乗せしてくる……そんな相手との取引は良い気がしないものです。バレないように裏切っているようなものですので、後々まで嫌な気分が残りますよね。

そういう相手とのビジネスは気が乗りません。

駆け引きも、角が立つのもめんどくさいので「今後ともよろしく……」と言いつつも、必要最小限の付き合いしかしないようになるものです。

言い換えれば、「ケチにはビジネスチャンスを与えない」という制裁をしているようなものです。

ここまで読むともう「ケチ」の悪い影響がお分かりいただけたのではないかと思います。もちろん、気前よくしすぎて損をするのもよくないのですが、ビジネスチャンスを失うという意味では「ケチは損」なのです。

さて、ビジネスの話から愛情の話に戻しましょう。

経済と並ぶ人の豊かさとしては、「心の豊かさ」がよく挙げられます。心の豊かさはどこから来るのか、もうお分かりかもしれません。

前の節までで紹介したように、幸せの原点は立場、そして自分らしさが社会貢献に昇華されることで幸せが発展する……。このことから考えると人とのつながり、社会とのつながりに心の豊かさの一つの答えがあることは明白ですね。

そして、愛情は最も効果的な感謝や承認のメッセージです。あなたが誰かに愛情を向けることで、その誰かの脳内で喜びを作り出すのです。つまり、誰かを幸せにする行為になるのです。これも立派な貢献の一つです。

そして、人には好意の返報性があります。あなたが誰かに向けた愛情の多くは、あなたへの好意として返ってくるのです。あなた自身も幸せになれることでしょう。

もちろん、誰彼構わずむやみに愛情をばら撒くのはオススメしません。人を誤解させたり困惑させたりして、世の中を混乱させ、騒がせるだけです。

ですが、相手が納得できる合理的な愛情や好意は、「原資がほとんどかからない贈り物」なのです。

どうかケチらずに、あなたの愛情を分け与えてあげてください。きっと、もっと幸せになれることでしょう。

4-7

理解できない人のことを愚か者とみなしてしまうことが、人間にはよくあります。

この章では、主にアドラーの言葉から人は理解し合えないこと、そして「信じられない」ことを強調してきました。理解できない人は怖いものです。だって、自分の敵になるか、味方になるか分からないのですから。

実際、私たちの脳はよく分からない（かもしれない）人に対しては無条件で警戒反応を示します。だから、「信じられない」というリアクションで、心の警戒態勢を続けるのです。

ここまで「信じられない」を続けるより、「信じるしかない」を続けるほうが良いことが多いことはご紹介してきました。ですが、理解し合えないことへのリアクションは「信じられない」だけではありません。ユングのこの言葉にあるように「愚か者とみなす」というリアクションもよくあるものなのです。

さて、このリアクション、果たして良いものになるのでしょうか、悪いものになるのでしょうか……。ここでは、なぜ私たちが理解できない人を「愚か者」と定義するのか、そしてこのリアクションのメリットとデメリットは何なのか、考えてみましょう。

まず、どんなメリットがあるのか考えてみましょう。一つは心理学で言うところの「認知的な快」が得られることです。

「認知的な快」、初めて聞く方も多いかと思います。人は自分の考え方が正しいと思えると心地よくなれます。これが認知的な快です。

あなたも、「やっぱりそうだった！」と確認できたら嬉しくなったことはありませんか？このような体験は、まさに認知的な快なのです。

よく理解できない方を「愚か者」と定義することは、言い換えれば「間違っている人」、もしくは「取るに足らない者」と定義することです。相手が「間違っている」、あるいは「取るに足らない」のですから、「理解できない人は、理解する必要がない人だ……」と結論づけることができます。こうすると、「やっぱり自分が正しかった！」と確認できるのです。

私たちは理解できない方に会うと多くの場合、困惑という不快感が発生します。ですが、「自分は正しい」という確認によって、この不快感もスーッと消えます。

また、知的な労力としてもかなり楽ちんです。よく理解できないことを理解するには、頭を使います。頭を使うというアクション、実はかなりエネルギーを食うのです。エネルギーを食うアクションは疲れますし、なによりめんどくさいです。

でも、よく理解できない人を「愚か者」とみなせば、この労力を省略できます。疲れることも、めんどくさいこともなくなるのです。

さらに、「比較優位の法則」で、自分自身の価値を高めることもできます。自分の価値があがる高揚感……これに浸れるというメリットを求める方もいるようです。

こうして多くの方がよく理解できない人を「愚か者」とみなすメリットにはまるのです。こうすることで、認知的な快にはまり、疲れることもなく、めんどくさいことからも解放されるのです。心はスッキリした状態に保たれ、気分的には良い感じでいられるでしょう。

でも、この状態、この本でこれまでご紹介してきた何かに似ていませんか？　もうお気づきかもしれません。第3章3-1で詳しく述べた「真っ当な方」にそっくりではないでしょうか。ということはデメリットもよく似たものになります。

また、仮にあなたがこのような方に「愚か者」と定義されても、気に病む必要はありません。人を愚か者にしておきたい方は、自分の心をスッキリさせて、良い気分でいたいだけなのです。勝手に良い気分でいていただきましょう。

ですが、あなた自身が誰かを「愚か者」と定義することには慎重になったほうがいいです。もちろん、本当に愚かな方もいるものですが、デメリットもあるからです。このデメリットは次の節で詳しくお伝えしましょう。

4-8

自分と違う意見を述べる人はあなたを批判したいわけではありません。違いは当然であり、だからこそ意味があるのです。

さて、前の節で「理解できない方」へのリアクションとして、相手を「愚か者」と定義することのメリットをご紹介しました。いろいろとメリットがありましたね。心をスッキリさせたり、高揚感に浸れたり……。

ですが、誰かを「愚か者」と定義することには慎重になることをオススメします。なぜ、このようにオススメするのか、その答えがここでご紹介するアドラーの言葉です。

「理解できない方」というのは概ね、自分とは違う意見を持っている方です。違う意見に触れると私たちは概ね不愉快になります。

なぜ、自分とは違う意見に触れると私たちは不愉快になるのでしょうか？　前の節でお伝えしたような理由もさることながら、もう一つ大事な理由があります。それは、自分自身が批判されたような気持ちになるからです。

意見が違うだけでなぜ私たちは自分が批判されたような気持ちになるのでしょうか？　それは私たちが未熟だから……というわけではありません。私たちは自分の意見については「筋が通っている」と思い込んでいるのです。

「筋が通っている」とは前の節で言う「認知的な快」の言い換えのようなものです。私たちの脳は「筋が通っている」と感じると、脳内が快楽物質で満たされるのです。つまり、私たちは「自分の意見は筋が通っている」と思うことで心地よくなれるのです。

そして、私たちの脳は自分を心地よくしてくれるものを自分の「拡張物」とみなします。拡張物とは自分の一部です。つまり、自分の意見も自分の一部のように感じてしまうのです。

本来、意見や考え方は私たちの一部ではありません。「筋が通っている」と感じることで心地よくなってしまうので、自分の一部のように感じてしまっているだけです。

ですが、私たちの脳はその区別が簡単にできるほど進化していません。そのため、私たちは誰かと「意見が違う」というだけで、不快になるのです。そして、快感を奪われることで、原始的な脳はその誰かを敵だと思い込むのです。

原始的な脳が「敵」と思い込むだけなのですが、私たちの理屈っぽい部分は「自分は正しい」と思い込みたがります。そこで、「相手が自分を攻撃した」、言い換えれば、「自分は不当な批判を受けた」と被害者として自分を位置づけるのです。本当に人間は自分勝手ですね。

これは本当に残念な私たちの脳のメカニズムです。なぜなら、このプロセスにはデメリットがいっぱいだからです。つまり、違う意見から学ぶ機会を失っているのです。

私たちは「自分が正しい」と思い込みたい生き物です。なぜ、そうなったのか、詳しくはまだ分かっていませんが、「自分が正しい」と思うことで気持ちよくなれてしまう脳のシステムは確実に私たちの中に存在します。

自分は正しいと信じたい脳があるということは……。もう、おわかりかもしれません。私たちは間違いを正しいと信じやすい脳を持っているということなのです。

その間違いを正す最も身近な手がかり、アドラーの言葉に従えば、それが自分と違う意見を述べる人なのです。

第2章、第3章でも述べましたが、人の世に絶対的な正論はありません。立場が違えば正論も違います。だから意見の違いは、学ぶチャンスなのです。

もちろん、「こいつに学ぶなんて……」という相手もいるものです。知識も見識もない誰かが、明らかに間違った意見を述べる場合もあります。自分の浅はかさに気づけない無知な若輩者や、高慢で時代遅れな経験者など、本当に学ぶ価値がない方もいます。これは、アドラーの言葉の例外です。

しかし、明らかに例外と言えない場合は、違いからあなた自身の見識を広げられるチャンスなのかもしれないのです。チャンスは生かしましょう。意見の違いは、あなたの成功の可能性が広がるだけでなく、同じ見識を共有できる仲間が増えるかもしれないのです。

4-9

恋に落ちているときほど、苦痛に対して無防備になるのです。

突然ですが、あなたは恋をしていますか？　恋は私たちをとても高揚させる感情です。オキシトシンというホルモンの分泌を促して、幸せな気分にしてくれます。このホルモンの作用で、アンチエイジング、すなわち若返りの効果もあるとされています。

恋はほとんどの方が素敵な感情だと思っていることでしょう。ですが、フロイトのこの言葉にあるように、実はまあまあ危険な感情でもあるのです。この節は、恋という感情であなたが不幸にならないための取扱説明書としてお読みいただけたらと思います。

恋の危険性、それは「恋は盲目」という言葉に代表されています。もちろん、盲目という表現はメタファー（比喩）ですが、世界の見え方が変わることは間違いありません。

１９５２年上映とかなり古いですが、有名なミュージカル映画『雨に唄えば（Singin' in the Rain）』をご存知でしょうか。この中では主人公の男性が雨の中でさも幸せそうに踊り狂いながら歌いまくる場面があります。

そして、この雨がただの雨ではありません。土砂降りなのです。普通だったら、外に出るのをためらうような雨です。まさにバケツを引っくり返したような雨で、舞台でこのミュージカルを演じるときにはなんと12トンもの水が撒かれるという……驚くほどの大雨なのです。

そんな雨の中で、なんとタップダンスで踊り狂うのです。いやはや、映画でなかったら実に異様な光景と言えるでしょう。実際、あなたの周りにこういう方がいたら、びっくりしてなんだか怖くなることでしょう。

なぜ、主人公の男性はこのような雨の中で歌って踊れるのでしょうか？ それは、ズバリ、恋をしているからです。

恋する女性を想ってウキウキしているのです。恋をすることで、気分的に舞い上がっているのです。

実は恋する脳は、麻薬依存症の患者と似たような状態になっています。脳を興奮させるアドレナリン、快楽や幸福感、そして意欲にも関わる情報伝達物質であるドーパミン等の脳内物質であふれかえっています。言い換えれば、脳内麻薬で異常なハイテンション、脳が燃えさかるような状態になっているのです。

この状態では、心も体も軽くなり、疲れも吹き飛び、何をやってもうまくいくような錯覚に陥ります。だから土砂降りでも、12トンにも上る大雨の中でもまったく平気なのです。むしろ、大雨も心地よいかもしれません。なぜなら、この状態だとすべてが輝いて見えるからです。

さあ、この状態、あなたも経験があるでしょうか？ 恋をすると、多かれ少なかれ、誰でもこれに近い脳の状態になります。恋をすると誰もがおめでたい状態になって、すべてのアクションが大胆になります。

大雨の中でタップダンス……とはなんだか微笑ましいですね。ですが、他の例で考えると微笑んでもいられません。再び、古くて恐縮ですが、実在した殺人鬼カップルを描いた1967年の映画『俺たちに明日はない(Bonnie and Clyde)』をご存知でしょうか。

不遇な2人が恋に落ちて無敵になったかのような高揚感の中で銀行強盗と殺人を繰り返す……というお話です。2人の犯行の原動力……もともとの暴力傾向も関係していますが、ここまで大胆になったのは「恋」による高揚感と考えて間違いないでしょう。2人は結局は射殺されて終わりました。

このように、恋は私たちの理性という現実的に自分を守る仕組みを麻痺させてしまいます。このことが微笑ましいアクションになることもあれば、命を落とす結果になることもあるのです。

恋にはもう一つ、身近に起こりやすい、しかし、ダメージが大きい問題があります。それは、「恋の対象」という刺激で脳がハイテンションになっているので、恋の対象が「期待どおりでない」、または「いなくなった」という事態で、脳が「禁断症状」を示してしまうのです。恋は、このような苦痛やダメージにも無防備です。

恋はいいものです。ですが、それに溺れると危険です。劇薬なので、程よく使いましょう。

4-10 秘密を守り通せる人はいないでしょう。

このフロイトの言葉、なんだかドキッとするかもしれません。あなたが誰かを信用して教えてしまった秘密が他の誰かに知られてしまうかもしれない……と言っているようなものだからです。

なんて怖いことなのでしょう……などと、怯えてしまったあなた、つまりは人には言えない秘密を抱えているということですね。でも、きっとほとんどの人がそうだと思います。秘密はないほうが楽なのですが、程度の差はあれ誰でも何かしらの秘密を持っているものです。

ありがちな秘密としては、上司など権限のある方への不平や不満でしょうか。権限のある方の采配は誰もが満足というわけにはいかないことが多いです。そうなると、グチの一つもこぼしたくなるものですよね。

でも、当の上司の耳に入ると気まずいです。秘密にしておきたいですよね。そして、秘密にしておいてくれると思える人にグチをこぼします。

ただ、フロイトによるとこのアクションは危険なことです。あなたが秘密にしてくれると信頼したその人は、あなたの信頼を裏切る可能性があると心得ておきましょう。いつの日か、その人が上司に「そういえば、○○さんがこんなこと言ってましたよ！」と告げ口する日が来ることでしょう。

さて、この章では「人は裏切り合うものである」と繰り返しお伝えしてきています。そして、「でも、大丈夫です」ともお伝えしてきています。果たして、秘密を守りきってくれるかどうか、この裏切りについては大丈夫と言えるのでしょうか。

大事なことは、秘密を守りきれない人は、なぜ秘密を守れないのか、ここから考えることです。秘密を守れない人はなぜ、守りきれないのでしょうか？　単に、秘密を守れない人が不誠実なだけなのでしょうか？

さて、ここで質問です。秘密を守れる条件、言い換えれば秘密を知っている人が秘密を守らざるを得ない条件とは何でしょうか？

それは、秘密の主と利害関係が一致しているということです。逆に言えば、あなたと利害関係が一致しなくなったら、秘密を守る意味がなくなるのです。もう少し平たく言うと、あなたの仲間ではなくなるということなのです。

たとえば、先程の上司への不満で考えてみましょう。同じ不満を共有し、「あの上司、なんとかしようぜ！」とか、「お互いに被害が拡大しないように助け合おう！」など、利害が一致していれば2人は仲間です。

秘密をバラしてあなたを裏切るということは、自分を助ける味方を失うということです。あなたを失わないにしても、味方を不利にしてしまうので結果的に自分の不利益になります。だから、利害が一致して仲間である限りは裏切れないのです。

一方で、利害関係が一致しなくなったら……言葉は悪いですが、あなたはもはや、その人の中では軽い存在になってしまいます。たとえば、その人が上司に気に入られて、その人も上司にもっと気に入られてもっと自分を有利に……なんていう状況になってしまったとしたら……。

最悪の場合、あなたの上司への「悪口」情報を提供することで、もっと上司に気に入られよう……などという裏切りが行われるかもしれません。ここまで嫌なやつはそうはいない……と思われるかもしれません。ですが、意外とこういう人はいるものです。というか、こういう人が多いという前提で、秘密を守ったほうが安全なのです。

もし、あなたが秘密を共有してほしい人がいたとしたら、利害関係がこの先も長く一致する人を選びましょう。

人は情緒的な動物でもあります。実利的な利害関係だけでなく、情緒的な利害関係であっても長く続きそうな人、たとえば「お互いに、この人を裏切ったら人として何かが終わる」レベルで深い絆がある人であれば大丈夫です。人間関係はかくもややこしいものですが、だからこそシンプルに、そしてスマートに流されていきたいですね。

4-11

親の考えを受け入れるか、親を反面教師にするかは、自分の意志で決められるのです。

人間関係の中でも親子関係のお悩み、大なり小なり、誰にでもあるものです。

親子って、情緒的につながる一方で、親には親の都合による期待が、子どもには子どもの都合による期待が生まれます。

そして、時にその期待に応え、時に期待を裏切り……とお互いに喜ばせたり、悲しませたりしながら共生する関係です。

その中で複雑な思いが積み重ならないわけがありません。だから、親子関係は悩み事になりやすいのです。カウンセリングでもよくご相談に挙がることが多いテーマです。

実際、親子関係のテーマだけでも一つの本になるくらいです。あなたも、あなたの親子関係について考え始めると、心の深いところが何かしら動き始めるのではないでしょうか。

ここでは比較的多い、「子ども」の立場での親との付き合い方について考えてみましょう。

まず、物心がついてから、子どもの立場は親との主導権争い（パワーゲーム）においては圧倒的に不利です。

子どもにはできることが限られています。分かっていることも限られています。実際、文字通り右も左も分かりません。

親の保護がなければ生き残れないことは物心がついてくるともう分かってきます。その中では、子どもは親に従う他ありません。

まあ、物心がつく前までは、親は「宇宙人」とも「暴君」とも言えるような0歳児さん、1歳児さん、2歳児さんの理不尽さに耐えてきてくれているのですが……。個人差はありますが、概ね、3歳児さんくらいまでは「親が子どもに従う」他ない……ということが多いようですね。

さて、話を子ども視点に戻します。物心がついた子どもは親に従う他ありません。だから、「親の従わせ方」が一方的で強引だと、子どもにはダメージが残ります。

このダメージが大人になってからの生き方に影響する場合もあります。そういう方の中には、そのダメージから解放されて自分を取り戻すためにカウンセリングにお出でになる方もたくさんいます。

また、自分を被害者と位置づけざるを得ない方々もいます。こんな方々は「毒親」という言葉を使います。私は「毒親の被害者」というアイデンティティを維持して拡大する生き方には慎重な立場のカウンセラーなのですが、世の中には本当に子どもの害にしかならない親もいるものです。

親という字は「木」の陰に「立」って、子どもを「見」守る……という意味です。何かあったら助けるけど、ある時点からは子どもに干渉しない……という意味が込められています。私は漢字学者ではないので深くは語れませんが、素人ながら奥深い意味があることは分かります。だからこの漢字が意味するところは、親の立場であり、運命であり、在るべき姿なのです。実際、多くの場合で、親の干渉が少ない方は人生が充実しているようです。

さて、この節のアドラーの言葉、親子とは……という価値観の問題もあります。なので、最後は「選ぶのはあなたです」という結論になってしまいます。

ですが、私は多くの場合で、親を反面教師にしたほうが良いことが多いように思えます。なぜなら、親とあなたは生きている時代も違えば、環境も違います。そして、立場も違います。なにより、「人生」が違うのです。

親の考え方や価値観、生活習慣、成功哲学や成功パターン、参考にするべきものはあるかもしれませんが、その多くはあなたの生きる時代や環境に合わないところも多いのです。あなたという人生に合わないのです。

私たちは、人生初期は親に守られていました。しかし、多くの場合で大人になった子どもを親は守れません。仮に守れたとしても、子どもは守ってもらうべきではありません。生きている人生が違うのです。親は反面教師であるべき時も場合もあってよいのです。

4-12

孤独は私の一生を真に生き甲斐のあるものにしてくれる救いの源泉なのです。

このユングの言葉、この章で最初にご紹介したフロイトの言葉、

「自ら進んで求めた孤独や孤立は、人間関係から生まれる苦悩への最も手近な防衛となるでしょう」

と少し似ているかもしれません。

確かに、孤独のメリットや意義を強調している点は似ています。ですが、違いもあります。フロイトは孤独を「防衛」と表現しています。一方で、ユングは「生き甲斐」「救い」と表現しています。この違いは何なのでしょうか？

この節では、フロイトとユングの違いを通して、私たちが人間関係を生き抜くために本当に必要な本質をお伝えしていきましょう。

まず、フロイトが「防衛」と表現しているということは、私たちは何かの攻撃を受けて苦悩というダメージを受けている……という意味です。フロイトにとって私たちを攻撃する敵は何でしょうか？

人間関係でしょうか？　はい、もちろん、人間関係の中にも敵対的で攻撃的な人間関係もあります。

敵となる場合もあるでしょう。ただ、敵はそれだけではありません。それは心の中にあります。心の中にいる敵……、それは「自由意志」と「立場を守る意志」の葛藤です。この葛藤が私たちに苦悩というダメージを与え、私たちを疲れさせるのです。だから、時に孤独や孤立を求めることに価値がある……とフロイトは伝えているのです。

このように自分自身の心の中にも「敵」を見いだす姿勢は流石ですね。私が尊敬する姿勢の一つです。

ただ、ちょっと視点を変えると、心の中とはいえ「敵（目標）」、すなわち自分にとっての「異物」を設定し、それを攻略するという姿勢、あなたはどう思いますか？

もし、この姿勢に強く共感できるとしたら、あなたはフロイト的な外向きの姿勢が馴染むのかも知れません。

フロイト的な外向きの姿勢とは、「満足は自分の内面ではなく、外側の〝現実とされる世界〟で見つけるもの、作り上げるもの」という姿勢です。フロイトにとっての満足の一つは尊敬されることでした。

自分自身も尊敬される人物であるように努力もしましたが、人にも自分への尊敬を求めたことでも知られています。

ユングは少々異なる生き方を目指していたようです。その違いは、「孤独」は「生き甲斐」「救い」とする表現に象徴されています。つまり、自分の外側にも、自分の内面にも「敵」を見いだしてはいないのです。

もちろん、「真っ当な方」のように私たちがダメージを受けないように警戒するべき存在は指摘しています。その対応も示唆しています。

しかし、この言葉の中で見いだしているのは、「救われる必要のある何か」、言い換えれば「社会生活や人間関係の中でボロボロになった自分自身」とでも表現できるでしょうか。

極端な言い方をすれば、ユングはフロイトほど「外側の〝現実とされる世界〟」にこだわりがないようです。

もう少し言えば、外側への興味をある時点で失ってしまったようです。そして、私たちは外側への興味を失うことで、孤独にはなるけれども、それ以上に「生き甲斐」に満ちあふれて「救われる」と伝えているのです。

言い換えれば、何者にも邪魔されない内面の充足や安定、調和に価値を見いだしているのです。フロイトを外向的とするならば、ユングは内向的と言えるでしょう。

実は日本人の多くが内向的になりやすい遺伝子の持ち主です。

外向的なイメージが強いアメリカ人ですが、実は約3割が本当は内向的なのだそうです。

アメリカ人のその3割はどうしているのでしょうか……。頑張って外向的な〝フリ〟をしているようです。もしかしたら、あなたも頑張っていませんか？

自分を外向的、内向的のどちらかに定義する必要はありません。実際、どちらの姿勢も大事になることがあります。でも、無理は疲れますよね。

時には救われることも必要です。どんな人間関係に囲まれても、自分を見失わずに、自分を救ってあげてください。

「あなたにフィットする人間関係の生き抜き方、人間関係の中で幸せになる方法を考えていただくための第4章、お読みになっていかがだったでしょうか。

人間関係は複雑です。と言うか、私たちの心が複雑なので人間関係も複雑になってしまっているのですが、第4章の冒頭で挙げた6つのポイントに沿ってこの章で紹介した名言を整理してみましょう。

【孤独は素晴らしいものである。】

・自ら進んで求めた孤独や孤立は、人間関係から生まれる苦悩への最も手近な防衛となるでしょう。（4‐1）

・孤独は私の一生を真に生き甲斐のあるものにしてくれる救いの源泉なのです。（4‐12）

【人は、良くも悪くも人間関係に影響される。人間関係で変わる。】

・感謝される喜びを体験すれば、自ら進んで貢献を繰り返すでしょう。（4‐5）

・愛情をケチってはいけません。（4‐6）

・恋に落ちているときほど、苦痛に対して無防備になるのです。（4‐9）

【自分は自分で守るべきである。】

・われわれ人間はわかり合えない存在だからこそ、信じるしかないのです。（4－2）

・親の考えを受け入れるか、親を反面教師にするかは、自分の意志で決められるのです。（4－11）

【人は対立するものである。】

・自ら進んで求めた孤独や孤立は、人間関係から生まれる苦悩への最も手近な防衛となるでしょう。（4－1）

・自分と違う意見を述べる人はあなたを批判したいわけではありません。違いは当然であり、だからこそ意味があるのです。（4－8）

・理解できない人のことを愚か者とみなしてしまうことが、人間にはよくあります。（4－7）

【この世は天国でもないが、地獄でもない。】

・われわれ人間はわかり合えない存在だからこそ、信じるしかないのです。（4－2）

・他者に貢献することで、居場所を確保すればいいのです。（4－3）

・自分のことばかり考えてはいませんか？　奪う人、支配する人、逃げる人、これらの人は幸せになることができないでしょう。（4－4）

【誰も信じてはいけない。しかし、信じられるように考えた方がいい。アクションを起こしたほうがいい。】

・他者に貢献することで、居場所を確保すればいいのです。（4-3）
・秘密を守り通せる人はいないでしょう。（4-10）

第4章を読んだだけで「自分にフィットするものが見つかった！」と確信を持てる方は少ないと思います。でも、それが大事なのです。最も危険なことは「安易な方法論」で上手くいくと信じ切ってしまうことだからです。

私たち人間は考える力を身に付けました。でも、考えることは疲れます。生き方だけでなく頭の中もシンプルにしておいたほうが、実際に楽ちんです。

でも、人間関係はそんなに甘くありません。地獄ではありませんが、天国でもないのです。そもそも、この世が天国ではないので私たちは考える力を獲得しています。最もフィットする生き方も状況で変わります。

だから、考え続けることが大事なのです。でも、第4章の名言を上手に使えば、上手に考えられることでしょう。第4章を繰り返し読んでください。あなたは人間関係を上手に生き抜き、幸せに近づけることでしょう。

おわりに

ここまでこの本をお読みいただいてありがとうございました。

幸せ、やる気、自己肯定感、そして対人関係……全て私たちが悩み、迷い、そして答えが見えなくて途方に暮れるテーマです。私も日々迷い、そして考え続けています。

あなたと一緒に心理療法家たちの名言を改めて考えてみた私の感想になりますが、生きるということはゴールのない旅を続けているようなものなのだと感じました。日々悩み、日々迷い、日々考える……この営みの積み重ねが人生なのだと思います。

その日々の積み重ねを、もっと幸せに、もっと楽しく、もっと未来志向にする手がかりが、心理療法家たちの名言です。

腹がたつときもあります、悲しいときもあります、悔しいときも、切ないときも……人生は苦痛の連続です。でも、その苦痛を上手に乗り越えると喜びが待っています。

「はじめに」の繰り返しのようですが、大事なことはあなたの「最適解」を考えることです。あなた自身で考えているから、あなた自身の人生なのです。

最後に、心理療法家ではありませんが、あなたに役立つと思われる名言をもう一つ贈らせてください。

『明日死ぬつもりで生きなさい、永遠に生きるつもりで学びなさい』

これは、マハトマ・ガンジーの言葉です。明日死ぬつもりで生きれば、今、この瞬間のかけがえのなさが分かります。あらゆる瞬間が、あなたの大切な人生だと実感しながら生きてください。

そして学んでください。学びは救いです。学ぶことで、人類になってから進化した私たちの脳が活性化します。するとあらゆる痛みが軽くなります。

心理療法家の名言にこの言葉をプラスすると、あなたの人生がもっと素晴らしくなることでしょう。

いつか、あなたと語り合える日を楽しみにしています。その日までごきげんよう。

著者略歴

1970年、山口県下関市に生まれる。心理学者。臨床心理士。神奈川大学人間科学部教授、同大学院人間科学研究科委員長。同大学心理相談センター所長。公益社団法人日本心理学会代議員。一般社団法人日本キャリア・カウンセリング学会副会長。法政大学大学院講師。

学習院大学大学院人文科学研究科にて心理学を専攻。在学中から、子育て支援、障害児教育、犯罪者矯正、職場のメンタルヘルスなど、さまざまな心理系の職域を経験。心理学と脳科学を融合した次世代型の心理療法を目指す。心理学だけでなく社会学、人類学、マーケティング、児童学、家族学、犯罪学、進化学、認知神経科学などにも造詣が深い。「NHKニュース」「ホンマでっか!?TV」などテレビ出演多数。

主な著書に、『いつまでも消えない怒りがなくなる 許す練習』(あさ出版)、『精神科医が教えないプチ強迫性障害という「幸せ」―― 気になってやめられない「儀式」がある人の心理学』(双葉社)などがある。

人《ひと》は迷《まよ》いをどう解《と》きほぐせるか
――フロイトかユングかアドラーか

二〇二三年一月九日　第一刷発行

著者　杉山《すぎやま》 崇《たかし》

発行者　古屋信吾

発行所　株式会社さくら舎　http://www.sakurasha.com

東京都千代田区富士見一‐二‐一一　〒一〇二‐〇〇七一

電話　営業　〇三‐五二一一‐六五三三　FAX　〇三‐五二一一‐六四八一

編集　〇三‐五二一一‐六四八〇　振替　〇〇一九〇‐八‐四〇二〇六〇

装丁　アルビレオ

イラスト　森崎達也(株式会社ウエイド)

本文DTP　山岸全　田村浩子(株式会社ウエイド)

印刷・製本　中央精版印刷株式会社

ISBN978-4-86581-374-6